Arthrose heilen

mit basischer Ernährung

Rosemarie Muth

Arthrose heilen
mit basischer Ernährung

Genussvoll essen und beweglicher bleiben

HANS-NIETSCH-VERLAG

Ich widme dieses Buch meinem im Jahr 2015 verstorbenen Ehemann Horst Heinrich Muth. Gemeinsam hatten wir uns unseren Lebenstraum erfüllt und das *Hotel NATURION©* aufgebaut, in dem heute noch die Basenkuren stattfinden.

Eine wichtige aktuelle Information

Im Jahr 2020 bin ich altersbedingt in „Ruhestand“ gegangen und sehr froh darüber, in Herrn Adam Faszczewski einen großartigen Nachfolger gefunden zu haben. Der gelernte Bäcker und Konditor hat sich intensiv mit dem Thema „basische Kost“ befasst und ist nun ein wahrer Könner und Verfechter dieser Form von Ernährung.

So habe ich das seit 25 Jahren bestehende *Hotel NATURION©* guten Gewissens in junge, qualifizierte Hände abgegeben. Für Gespräche stehe ich unseren Gästen auf Wunsch weiterhin gern zur Verfügung.

Außerdem freue ich mich, Ihnen mitteilen zu können, dass das *Hotel NATURION©* im März 2022 von der DEHOGA mit drei Sternen ausgezeichnet wurde.

Inhalt

Geleitwort von Prof. em. Dr. rer. nat. Claus Leitzmann 8

Einführung 10

Arthrose und andere Erkrankungen und Beschwerden – Symptome von Übersäuerung 10

Essen Sie gesund ohne traurigen Verzicht! 11

Basische Ernährung in der Praxis 12

Kräuter und Gewürze verwenden 18

Suppen 32

Salate 52

Eintöpfe 60

Alles mit Gemüse 70

Kartoffeln & Co. 118

Dressings, Saucen & Dips 136

Und noch etwas Süßes zum Abschluss ... 148

Anhang 150

Anmerkungen 150

Bezugsquellen und informative Websites 150

Register der Rezepte 151

Die gebräuchlichsten Basen und Säure bildenden Lebensmittel – ein Überblick 153

Dank 156

Geleitwort

von Prof. em. Dr. rer. nat. Claus Leitzmann

Die Bedeutung einer pflanzlichen und damit basisch wirkenden Ernährung hat eine lange Entstehungsgeschichte, die bereits in der Antike begann. Pythagoras begründete den Vegetarismus, und schon Platon empfahl, sich vegetarisch zu ernähren, da nur Fleischesser einen Arzt benötigen würden. Auch Paracelsus und Hildegard von Bingen erkannten die positive Wirkung pflanzlicher Kost. Später waren es Pioniere wie Maximilian Bircher-Benner mit seiner Rohkost und besonders Ragnar Berg, die erkannten, dass eine pflanzliche Ernährung überwiegend basisch verstoffwechselt wird. Das Wissen über den Säure-Basen-Haushalt unseres Körpers spielte in der Naturheilkunde schon immer eine Rolle. Durch die Erkenntnisse von Lothar Wendt wird dieses Wissen vermehrt erkannt und umgesetzt.

Verschiedene Nahrungsbestandteile haben einen Einfluss auf den Säure-Basen-Haushalt, wobei die schwefelhaltigen Aminosäuren sowie Chlorid und Phosphor als Säurebildner und Natrium, Kalium, Kalzium und Magnesium als Basenbildner angesehen werden. Bei einer Gewebeacidose oder latenten *Acidose* werden Säuren aus dem Bindegewebe nicht zu den Nieren abtransportiert. Eine Kost, die überwiegend aus tierischen Produkten besteht und damit sauer wirkt, trägt zur Entstehung einer ganzen Reihe verschiedener Zivilisationskrankheiten – wie Arthrose, Rheuma, Migräne, Schlaganfall, Herzinfarkt u. a. – bei, die auf eine Übersäuerung des Organismus, insbesondere des die Zellen umgebenden Bindegewebes, zurückzuführen sind. Die verschiedenen Stoffwechselstörungen entstehen, indem überschüssige Säuren beim Transport von den Zellen zum Blut – oder umgekehrt – vorübergehend im Bindegewebe festgehalten werden. Dabei wird das Ausmaß der latenten *Acidose* durch die Art der Ernährung beeinflusst. Verschiedene Gefäßerkrankungen und rheumatische Beschwerden stehen nachgewiesenermaßen im Zusammenhang mit Störungen des Bindegewebsstoffwechsels.

Für diese Beschwerden, aber speziell für Arthrose, hat Frau Rosemarie Muth bereits vor Jahrzehnten ein praktisches Konzept entwickelt, das sich bestens bewährt hat. Es ist ihr Verdienst, dass den Gästen diese Kost bis heute im *Hotel NATURION*© angeboten wird, und mit ihren Büchern wird sie einem großen Kreis von Betroffenen bekannt gemacht. Ihr zweites Buch zum Thema „Basenstarke Ernährung" enthält eine Reihe von neuen Rezepten, die den wissenschaftlichen Entwicklungen und unseren verschiedenen Geschmackspräferenzen und -abneigungen Rechnung trägt.

Es soll noch einmal betont werden, dass es unsere gesamte Lebensweise ist, die unsere Gesundheit beeinflusst, wie bereits Hippokrates sagte: **„Eine einfache Ernährung, ausreichend Bewegung und Maßhalten in allen Dingen des Lebens ist das beste Rezept, um in Gesundheit alt zu werden."**

Ich wünsche *Arthrose heilen mit basischer Ernährung* eine weite Verbreitung, damit die protektiven und heilenden Wirkungen der pflanzlichen Lebensmittel von möglichst vielen Menschen genutzt werden. Alle, die zu ihrem eigenen Wohl beitragen und ihre Lebensqualität verbessern möchten, werden von den Rezepten in Rosemarie Muths Buch erheblich profitieren.

Viel Erfolg und Freude mit den leckeren Rezepten für eine gesunde und nachhaltige Lebensweise wünscht Ihnen

Claus Leitzmann
(Professor für Ernährungswissenschaft, Universität Gießen)
Gießen, im Frühjahr 2018

Einführung

Arthrose und andere Erkrankungen und Beschwerden – Symptome von Übersäuerung

Vieles im Körper tut Ihnen weh? Sie haben Schmerzen in den Gelenken, die selbst bei kleinsten Anstrengungen zunehmen? Sie sind häufig unruhig, fühlen sich müde? Entspannung, Ein- und Durchschlafen fallen Ihnen schwer? ... Diese Liste an Symptomen lässt sich leicht durch viele weitere ergänzen, nicht selten kommt eine gewisse Muskelschwäche hinzu, zeitweise begleitet von unspezifischen Kopfschmerzen, meist auch eine auffällige Geräuschempfindlichkeit. Oft kann man die Beschwerden gar nicht in einen Zusammenhang bringen.

Blicken Sie einmal zurück und erinnern Sie sich: Haben genussvolles Essen und Trinken stets zu den Freuden Ihres Daseins gehört? Haben Sie Fleischgerichte und schweren Wein geliebt? Hat der Genuss sich in vernünftigen Grenzen bewegt oder haben Sie es auch gern einmal übertrieben? Und wie steht es um das Thema „Bewegung“?

Ihr Körper „spricht“ mit Ihnen, wenn Schmerzen und andere Symptome Sie plagen. Sie sollten Warnzeichen sein, denn Ihr Körper ist wahrscheinlich übersäuert: Sein Säure-Basen-Haushalt ist nicht in einem gesunden Gleichgewicht (der bei einem pH-Wert von etwa 7 liegt), was auf die Dauer zur Folge hat, dass Sie sich nicht mehr leistungsfähig fühlen und Krankheiten wie Arthrose, Rheuma, Gelenkschmerzen, *Fibromyalgie* usw. auftreten können. Diese Erkrankungen sind erwiesenermaßen eine Folge von falscher Ernährung, die zur Übersäuerung (mit einem pH-Wert unter 7) des Körpers führt.

Das Wissen zum Thema „Übersäuerung“ ist nicht neu. Schon vor über hundert Jahren erkannte der schwedische Biochemiker und Ernährungsforscher Ragnar Berg (1873–1956), dass unsere Ernährung vorwiegend basisch sein sollte, und zwar **zu 80 Prozent basisch und zu 20 Prozent sauer.** Er ging davon aus, dass unser Körper die aufgenommene Nahrung nur dann voll verwerten kann, wenn wir mehr Basen als Säuren aufnehmen.[1]

Ebenfalls im letzten Jahrhundert stellte Professor Dr. med. Lothar Wendt (1907–1989) als Ergebnis seiner Forschungen fest, dass der Körper – entgegen herkömmlicher Meinung – über Eiweißspeicher[2] verfügt und dass der mit tierischem Eiweiß überfütterte Körper über lange Zeiträume hinweg dieses Zuviel an Eiweiß fast überall einlagert. Das Fatale ist, dass die Eiweißansammlungen zuerst nicht – wie etwa die Fettspeicher auf Bauch und Hüften, die man sehen oder fühlen kann – auffallen, sondern dass sie im Verborgenen entstehen, an Stellen, wo sie nicht einmal nachgemessen werden können. Dass „tierisches Eiweiß" wiederum daran beteiligt ist, dass bei uns Menschen **mit den Jahren** Schmerzen und Beschwerden auftreten, steht seit ungefähr dreißig Jahren fest. Und deutlich wurde: Wer Krankheiten wirksam bekämpfen will, muss in erster Linie auf seinen Verzehr von tierischem Eiweiß achten. Maß halten ist in jedem Fall angesagt.

Dass pflanzliche Eiweiße, die in der Regel nicht alle 20 Aminosäuren vorzuweisen haben, für die Ernährung des Menschen weniger wert sind, hat sich als Irrtum erwiesen. Ein fataler Irrtum, der bis heute noch seine Anhänger findet. Wahr ist allerdings: Wenn wir tierisches Eiweiß weglassen, kann unser Körper entsäuern und damit gesunden.

Fazit: Chronische Erkrankungen wie Arthrose sind meistens, wie oben beschrieben, auf eine Übersäuerung des Bindegewebes zurückzuführen, und genau da wirkt die basische Ernährung wie ein Puffer.

Essen Sie gesund ohne traurigen Verzicht!

Die Folgen von jahrzehntelanger falscher Ernährung können durch eine heilsame Form „richtigen" Essens eingedämmt, zum Teil sogar geheilt werden. Wenn Sie beginnen, sich fleischlos zu ernähren, und zwar durchgängig, wird Ihr Körper nach und nach entsäuert. Ohne Verzicht zu essen heißt allerdings nicht nur, dass Sie satt werden, sondern auch, dass Sie nur sehr hochwertige, **am besten biologische, regional angebaute, saisonale und frische Lebensmittel verwenden.** Sie sollten Ihre Essgewohnheiten tatsächlich ändern. Das Essen muss deshalb aber nicht langweilig und gar genussfrei sein. Es ist nur anders gestaltet und zusammengesetzt, damit Ihrem Körper überwiegend (zu 80 Prozent) basische Lebensmittel zugeführt werden, die dort ihre heilenden Wirkungen entfalten.

Eine richtige **Basenkur** hingegen (siehe im folgenden Abschnitt „Basische Ernährung in der Praxis"), die **zu 100 Prozent aus basisch verstoffwechselten Lebensmitteln** besteht, hilft Ihrem übersäuerten Körper zuerst einmal, wirkungsvoll zu entsäuern. Die Rezepte in *Arthrose heilen mit basischer Ernährung* sind allesamt geeignet für eine solche Kur. Sie muss nicht gleich mehrere Wochen dauern – was von Fall zu Fall allerdings durchaus empfehlenswert sein kann. Versuchen Sie es einmal eine Woche lang, und schauen Sie, ob sich in dieser Zeit schon Veränderungen in Ihrer Befindlichkeit bemerkbar machen. Außerdem erfahren Sie in einer Woche, wie wohlschmeckend und abwechslungsreich diese Art der Ernährung ist und dass Sie keinen Hunger haben müssen.

Je nachdem, wie es Ihnen geht, können Sie nach einer bestimmten Zeit der zu 100 Prozent basischen Ernährung, die Ihren Körper wirkungsvoll von überschüssigen Säuren befreit und Heilungsimpulse gesetzt hat – wenn also schon einmal eine wesentliche Verbesserung Ihrer Beschwerden herbeigeführt worden ist –, zu einer Ernährungsweise mit 80 Prozent basischen und 20 Prozent sauren Lebensmitteln übergehen.

Basische Ernährung in der Praxis

In diesem Buch möchte ich Ihnen die wichtigsten Empfehlungen für eine gesunde, basenstarke Ernährung mit auf Ihren Weg in ein vitales, beschwerdefreies Leben geben. Sie basieren auf der Art

Und was macht nun ein Lebensmittel „sauer“ oder „basisch“?

Info

Früher pflegte man zu sagen: „Sauer macht lustig“, und man schmunzelte darüber. Heute kann man in Fachzeitschriften zum Thema „Gesundheit“ lesen: „Säure ist Tod – Base ist Leben“. Sicher ist eines: Wenn ein Lebensmittel als „sauer“ bezeichnet wird, ist nicht der Geschmack gemeint, denn eine Zitrone beispielsweise schmeckt sauer, ist aber basisch in ihrer Wirkung in unserem Körper. Nun stellt sich die Frage: Was sind Basen und warum ist ein Basenmangel ein so ernsthaftes Problem für unsere Gesundheit?

Es sind die verschiedenen Nährstoffe, die in unseren Lebensmitteln enthalten sind, die sich beim Verstoffwechseln eher basisch oder eher sauer auf den Säure-Basen-Haushalt unseres Körpers auswirken. **Schwefelhaltige Aminosäuren sowie Chlorid und Phosphor wirken Säure bildend und Natrium, Kalium, Kalzium und Magnesium Basen bildend.** „Saure Lebensmittel“ sind also solche, die einen hohen Eiweißgehalt haben, der sich im Stoffwechsel Säure bildend auswirkt. Hier werden nun basische Lebensmittel benötigt, um die entstandenen Säuren wieder zu neutralisieren. Stellen Sie sich einmal den Strom an Säurebildnern vor, die Ihren Körper überfluten ... und genau so ist das, wenn Sie sich jahrelang überwiegend „sauer ernährt“ haben. Ihr Körper war ständig damit beschäftigt, die überschüssigen Säuren in den Gelenken und im Bindegewebe einzulagern (um sie aus dem Blut fernzuhalten, denn dort wären sie lebensbedrohlich!), was dann möglicherweise zu Arthrose oder einer anderen Erkrankung geführt hat.

Im gesunden Zustand ist ein Verhältnis von Basen zu Säure bildenden Lebensmitteln von 80 zu 20 für unseren Körper optimal! Ist der Körper aber übersäuert, lege ich Ihnen eine Basenkur ans Herz, in der Sie erst einmal eine Woche (oder bei Bedarf länger) nur neutrale bis Basen bildende Speisen zu sich nehmen. Alle Rezepte in *Arthrose heilen mit basischer Ernährung* sind für eine solche Kur geeignet. Siehe auch „Die gebräuchlichsten Basen und Säure bildenden Lebensmittel – ein Überblick“ (Seite 153 ff.) und unter „Bezugsquellen und informative Websites“ (Seite 150).

und Weise, wie ich meine Gäste 25 Jahre lang im *Hotel NATURION*© in Hinterzarten im Schwarzwald mit großen gesundheitlichen Erfolgen verköstigt habe. Hier entwickelte ich immer neue basenstarke, biologisch vollwertige Vitalkostgerichte – seit nunmehr 19 Jahren auch nach der GAT© (*Ganzheitlichen Arthrosetherapie*).

Ich arbeite hierbei eng mit der von Eckhard K. Fisseler gegründeten Arthrose-Selbsthilfe zusammen.[3] Die grundlegenden Regeln für Ihren basenstarken Tag sind die folgenden:

- Der Tag beginnt **nach dem Aufwachen** mit 1 Glas warmem Wasser oder 1 Tasse basischem Tee.
- Anschließend genießen Sie **zum Frühstück** einen Obstteller, der je nach Jahreszeit mit dem jeweiligen Marktangebot oder nach Ihren Vorlieben zusammengestellt sein kann. Verwenden Sie 1 bis 2 verschiedene Obstsorten.
- Etwa (und frühestens) **3 Stunden später** ist Ihr Magen wieder leer, erst jetzt essen Sie noch einmal **ein wenig Rohkost**: rohes Gemüse, Salate, Sprossen (Hier dürfen Sie Bambus-, Bohnen-, Mungbohnen- oder Sojasprossen nehmen.) u. v. m. (Allerdings bitte keine Avocado und keine Oliven!) Genießen Sie das, was Ihr Einkauf und Ihr Kühlschrank hergeben.
- **Nach weiteren 3 Stunden** können Sie einen nach Packungsangabe zubereiteten Brei aus Quinoa oder Quinoaflocken mit Mandeln, Braunhirsemehl, Erdmandelflocken und Kokosflocken zu sich nehmen.
- Noch einmal **3 Stunden später** können Sie ein **warmes basisches Mehrgang-Vital-Menü – bestehend aus Suppe, Gemüse und Kartoffeln** (oder einer anderen Beilage; siehe Rezepte, Seite 32 ff.) oder einem Eintopf – zu sich nehmen, das wir im *Hotel NATURION©* aber (unserer Pause wegen, die der Entspannung dient) auf den frühen Abend legen. (Siehe auch **fett** gesetzter Text rechte Seite, rechte Spalte.)
- Tagsüber können Sie immer ein paar Mandeln als kleinen **Snack** genießen oder ein paar Trockenfrüchte, wenn die **Lust auf Süßes** Sie überkommt. Aber *Vorsicht:* Trockenfrüchte enthalten viermal so viel Fruchtzucker wie frische, reife Früchte. Bitte halten Sie auch hier Maß!
- Zwischen den einzelnen Mahlzeiten **trinken Sie reichlich Wasser** (z. B. auch Ingwerwasser), mindestens 3 Liter pro Tag.

Sie nehmen also, ganz Ihren Lebensgewohnheiten entsprechend,

mittags *oder* abends eine warme Hauptmahlzeit zu sich. Den Tag sollten Sie allerdings stets unbedingt mit Obst beginnen!

Diese Art der Ernährung, die zwischen den einzelnen Mahlzeiten 3 Stunden Zeit vergehen lässt – ich nenne sie **Intervall-Ernährung** –, hat sich in der Praxis als dem Körper sehr zuträglich erwiesen, denn auf diese Weise leert sich der Verdauungstrakt immer wieder vollständig, sodass sich auch wieder ein leichtes Hungergefühl einstellt. Und allein dieses zarte Hungergefühl sollte uns zeigen, dass es ansteht, wieder etwas zu uns zu nehmen. Probieren Sie es selbst aus, und Sie werden erfahren, wie sehr diese Pausen Körper und Geist gleichermaßen guttun. Die – durchweg basischen – Rezepte für biologisch vollwertige Vitalstoffgerichte, die ich in diesem Buch für Sie zusammengestellt habe, machen es Ihnen leicht, sich gesund und abwechslungsreich zu ernähren – und das ohne traurigen Verzicht. Sie eignen sich allesamt für eine Basenkur und sind unkompliziert und schnell nachzukochen, passen also in den modernen Alltag, der nicht allzu viel Zeit und Muße für die Zubereitung von Mahlzeiten lässt.

Bitte stellen Sie sich Ihre warme Hauptmahlzeit aus den Rezepten in *Arthrose heilen mit basischer Ernährung* **selbst zusammen: eine Suppe (Rezepte unter „Suppen", Seite 32 ff.) oder einen Salat (Rezepte unter „Salate", Seite 52 ff.) als Vorspeise sowie ein Hauptgericht, bestehend aus Gemüse (Rezepte unter „Alles mit Gemüse", Seite 70 ff.) und Kartoffeln oder einer anderen Beilage (Rezepte unter „Kartoffeln & Co.", Seite 118 ff.**; Tipps für eine passende Beilage finden Sie bei den einzelnen Zubereitungen unter „Alles mit Gemüse", Seite 70 ff.), **oder einen Eintopf (Rezepte unter „Eintöpfe", Seite 60 ff.) statt alldem. Und zum Nachtisch auch einmal ein Dessert (Rezepte unter „Und noch etwas Süßes zum Abschluss ...", Seite 148 f.).** Unter „Dressings, Saucen & Dips" (Seite 136 ff.) finden Sie Salatdressings und Saucen sowie Dips, die Sie auch als kleine würzige Beigabe – wie ein Chutney – zur Rohkost und zum Gemüse, als Aufstriche oder zum Verfeinern von Suppen, Gemüse und verschiedenen Salatsaucen verwenden können.

Die Top Ten der Lebensmittel meiner basischen Küche

Die folgenden Nahrungsmittel kaufe ich immer auf Vorrat. Ohne sie geht es nicht in meiner Küche, denn Sie sind tolle **Basenbildner**, enthalten alle Nährstoffe, die unser Körper braucht, und/oder geben meinen Speisen ein unvergleichliches Aroma und eine besondere Würze:

1. Bio-Äpfel

Äpfel enthalten mehr als 30 Mineralstoffe und Spurenelemente, vor allem Kalium, das den Wasserhaushalt reguliert, und Eisen. Zudem sind sie reich an wichtigen Vitaminen wie Provitamin A, den Vitaminen B_1, B_2, B_6, E und C sowie Niacin und Folsäure. Ihre vielen verschiedenen Fruchtsäuren machen sie zur „Zahnbürste der Natur". Äpfel regulieren die Darmtätigkeit, ihr Pektin senkt den Cholesterinspiegel, bindet Schadstoffe und schwemmt sie aus. Die Flavonoide und Carotinoide der Äpfel können das Krebsrisiko mindern und haben eine antioxidative Wirkung.

2. Bio-Kartoffeln

Kartoffeln sind Schlankmacher: Sie liefern zwar viele Kohlenhydrate, machen dafür aber lange satt, sind reich an Vitamin C, Vitamin B_1, B_2 B_5 und B_6 und enthalten die Mineralstoffe Kalium, Kalzium, Phosphor und Magnesium. Der basisch wirkende Kartoffelsaft wird häufig bei Magen-Darm-Beschwerden eingesetzt.

3. Chilisalz

Ein würzig-scharfes Salz. (Siehe auch unter „Kräuter und Gewürze verwenden", Seite 18 ff.)

4. Ingwersalz

Ein sehr aromatisches Salz. (Siehe auch unter „Kräuter und Gewürze verwenden", Seite 18 ff.)

5. Quinoa

Quinoa ist eine hervorragende Quelle für pflanzliches Eiweiß, enthält viele essenzielle Vitamine und Mineralstoffe (mehr Kalzium als Weizen oder Roggen und mehr als doppelt so viel Eisen und 50 Prozent mehr Vitamin E als Weizen). Es ist reich an Mangan und Kupfer, die beide gute Radikalenfänger sind. Quinoa wirkt sich positiv auf unsere Stimmung aus, senkt den Blutzucker- und den Cholesterinspiegel u. v. m.

6. Frischer Mangold

Mangold ist reich an Provitamin A, Vitamin B_2 und C und enthält wichtige Mineralstoffe wie Kalzium, Magnesium, Eisen und Phosphor. Die Aminosäure Betain kurbelt die Fettverdauung und regt Leber und Galle an. Das enthaltene Betain wirkt antibakteriell und stärkt – zusammen mit den enthaltenen Vitaminen und Mineralstoffen – unsere Abwehrkräfte. Und Folsäure ist an der Blutbildung beteiligt.

7. Frischer Spinat

Spinat besitzt sehr viele gesunde Inhaltsstoffe, so z. B. Betacarotin, Folsäure, Vitamin C, E und K. Er ist reich an Antioxidantien, die als Fänger von freien Radikalen Krebs vorbeugen können, und er enthält die Mineralstoffe Kalium und Magnesium (wichtig für die Funktion von Nerven und Muskeln), Kalzium (für Wachstum und Neubildung von Knochen und Zähnen), Zink (stärkt die Abwehrkräfte) und Eisen.

8. Basentee

Basische Tees mit speziell abgestimmten Kräutern unterstützen unseren Körper, Säuren zu neutralisieren und sie mit anderen Schadstoffen zusammen auszuschwemmen. Sie fördern also die Ausscheidung und entlasten die Nieren.

9. Bananen

Bananen enthalten die Mineralstoffe Kalium und Magnesium (wichtig für die Funktion von Muskeln und Nerven u. v. m.), Phosphor, Kalzium, Eisen und Zink. Was Vitamine anbelangt, decken 100 Gramm Banane bereits 12 Prozent des Tagesbedarfs an Vitamin C. Außerdem enthalten sie Vitamin A, K und einige Vitamine der B-Gruppe, vor allem Vitamin B6. Damit sind sie Nervennahrung pur!

10. Frische Petersilie

Petersilie ist reich an Vitamin A, B, C, E, Folsäure und Eisen. Mit ihrer entwässernden Wirkung spült sie die Harnwege durch, beugt Nieren- und Blasensteinen vor und schwemmt Giftstoffe und Bakterien aus dem Körper heraus. Gleichzeitig fördert dieses Kraut die Blutbildung, stärkt das Herz und hilft, Cholesterin aus den Venen zu lösen und Nährstoffe besser aufzunehmen. Petersilie macht die Haut schön, beugt Gicht und Rheuma vor, hilft bei Husten und Heiserkeit und reguliert die Verdauung.

Kräuter und Gewürze verwenden

Der Abwechslungsreichtum meiner basischen Küche beruht zu einem großen Teil auf den verwendeten Kräutern und Gewürzen, die im Körper als Basenbildner wirken, unterschiedlichste Aromen entfalten und einem Gericht eine spezielle Würze sowie einen besonderen Geschmack und im Fall von frischen Kräutern immer etwas Frisches verleihen. Die im Folgenden aufgeführten frisch – oder, wenn nicht anders möglich, auch getrocknet – zu verwendenden Kräuter und die Gewürze sind allesamt basisch und entfalten durch ihre jeweils speziellen Inhaltsstoffe heilende Wirkungen in unserem Körper:

Basilikum

In der südeuropäischen und besonders in der italienischen Küche ist Basilikum eines der beliebtesten Gewürze. Es gibt zahlreiche verschiedene Basilikumsorten mit sehr unterschiedlichem Aroma. Basilikum sollte wohldosiert eingesetzt werden. Es ist hervorragend geeignet zum Würzen von Gemüsegerichten, Suppen, Salaten, Saucen, Kräuterbutter, besonders aber von Tomatengerichten, sowie als Grundlage für Pesto. In der Volksmedizin wird das Kraut bei Appetitlosigkeit, gegen Blähungen und Völlegefühl und seltener auch bei Rachen-Entzündungen zum Gurgeln eingesetzt. Das enthaltene ätherische Öl besitzt entwurmende und antiphlogistische Eigenschaften und wirkt gegen Magengeschwüre.

Chili

Chilischoten oder Peperoni sind botanisch Paprikagewächse. Die Stärke ihres Geschmacks richtet sich nach dem Herkunftsland. Die Schärfe ist meistens von der Größe der Schoten und der Sorte abhängig. Will man die Schärfe etwas mildern, kann man die Schoten aufschneiden, die Kerne und die hellen Innenhäute (Diese Häute enthalten die meiste Schärfe!) entfernen und nur das Fruchtfleisch verwenden. Die frischen Schoten enthalten mehr Vitamin C als Zitrusfrüchte, haben eine entzündungshemmende Wirkung und verbessern das gesamte körperliche Wohlbefinden, stärken das Immunsystem, regen den Stoffwechsel, die Produktion der Magensäfte und die Durchblutung an. Auch der LDL-Cholesterinspiegel wird positiv beeinflusst. Chili wirkt zudem entzündungshemmend und fiebersenkend. Chilipulver, -flocken und -fäden sind in verschiedenen Schärfegraden erhältlich – von mild bis scharf. Gute Qualität erkennt man am kräftigen Geruch sowie am guten Geschmack. Selbst mit einer kleinen Menge dieses Pulvers erzielt man sehr gute Geschmacksvariationen. Würzen Sie mit Chili, dann sind Sie schneller satt!

Dill

Dill ist ein vielseitig verwendbares Gewürz. Besonders für Salate werden die sehr intensiv schmeckenden Dillspitzen verwendet, aber auch für Salatsaucen und Pesto. Auch Kräuterbutter, Pellkartoffeln und Dips verleiht Dill eine sehr würzige Note. Das frische Dillkraut hat den besten Geschmack. Dillfrüchte werden bis heute in der Volksmedizin wie Kümmel, allerdings mit schwächerer Wirkung, bei Verdauungsstörungen mit Völlegefühl und Blähungen sowie bei leichten krampfartigen Magen-Darm-Beschwerden verwendet. Außerdem sollen die Samen Progesteron fördernde Eigenschaften besitzen.

Dost

Hierzulande als „Oregano“ bekannt, ist der in unseren Breiten auch wild wachsende Dost Gewürz und Heilpflanze zugleich. Seine Blätter haben einen wirklich intensiven Geschmack, der sehr gut zu herzhaften Speisen wie Bratkartoffeln und Schmortöpfen passt. Dost verfeinert den Geschmack von Salaten, Hülsenfrüchten und Suppen, wirkt appetitanregend und verdauungsfördernd. Dost wirkt nachgewiesenermaßen bei Verdauungsbeschwerden sowie Erkrankungen der oberen Atemwege. Sein Carvacrol wirkt entzündungshemmend. Zudem ist er reich an Vitamin C.

Ingwer

Bei Ingwer handelt es sich um eine Wurzel, die als Arzneidroge und zum Würzen verwendet wird. Sie ist reich an Mineralstoffen wie Kalium, Phosphor, Kalzium, Magnesium und Eisen, stärkt den Magen und das Verdauungssystem sowie das Herz-Kreislauf-System, wirkt entzündungshemmend, wärmend und schweißtreibend bei Erkältungen und hat eine positive Wirkung auf den Blutzuckerspiegel. Ingwer riecht und schmeckt erfrischend, leicht nach Zitrone und verbindet die Geschmacksrichtungen süß und scharf. Die in frischem Ingwer enthaltenen ätherischen Öle wirken krampf- und schleimlösend und antibakteriell. Er wird gern in Eintöpfen und zahlreichen Gemüsegerichten, aber auch für Desserts verwendet. Getrockneter und gemahlener Ingwer ist in zwei unterschiedlichen Sorten erhältlich: Der schwarze Ingwer ist ungeschält und würziger. Der weiße Ingwer ist geschält, oft sogar gebleicht, und milder.

Kerbel

Kerbelkraut kann in allen Rezepten statt Petersilie verwendet werden. Sein süßlich-aromatischer, leicht pfeffriger Geschmack passt bestens zu Pesto, Salaten, Suppen, Kräuterbutter und ist ein klassischer Bestandteil der Frankfurter Grünen Sauce. Kerbel stärkt die Nerven und das Immunsystem.

Knoblauch

Die weltweit bekannte und beliebte Knolle strömt einen besonderen Geruch aus, den zwar nicht jeder mag, dafür ist sie aber umso gesünder und verleiht vielen Speisen roh und gekocht eine würzige Note. Knoblauch wirkt antibakteriell und stärkt das Immunsystem. Einige Studien ergaben, dass seine Inhaltsstoffe die Blutfettwerte senken und daher vorbeugend gegen arteriosklerotische Veränderungen der Blutgefäße wirken könnten. Er ist eine wichtige Selenquelle und kann gegen Krebs wirksam sein.

Kresse

Von dieser sehr vitaminreichen Gewürzpflanze wird meistens der obere Teil des Keimlings mit den Blättchen gegessen. Kresse lässt sich auch im Winter in einer Keimschale leicht am Küchenfenster selbst ziehen. Sie ist eine beliebte Salatzugabe und verleiht auch Suppen und Kräuterbutter eine angenehme Würze. Kresse ist reich an Vitamin C. Zudem enthält sie Bitterstoffe, Gerbstoffe, Zucker, ätherische Öle, Raphanol, die Vitamine A, B_1, B_2 und E sowie Mineralstoffe wie Eisen, Jod, Phosphor, Kalzium. Kresse wirkt appetitanregend, stoffwechselfördernd, harn- und wehentreibend, entzündungshemmend und wird in der Naturheilkunde zur Entschlackung von Leber, Lunge und Magen empfohlen.

Kümmel

Kümmel wird als ganze Samen und gemahlen angeboten. Kümmel wird als pikantes Gewürz für Kohl- und Kartoffelgerichte verwendet, aber auch Salaten verleiht er eine einzigartige Note. Er regt die Tätigkeit der Verdauungsdrüsen an und hat blähungswidrige und krampflösende Eigenschaften. Bei Verdauungsstörungen mit Blähungen und Völlegefühl, bei leichten Krämpfen im Magen-, Darm- und Gallenbereich sowie bei nervösen Herz-Magen-Beschwerden hilft er, wenn Sie Kümmelsamen als Tee mit Fenchel- oder Anis und Koriander bzw. ein Gemisch aus den ätherischen Ölen verwenden. Kümmel hat von diesen Samen die stärkste krampflösende Wirkung, das Öl hat antimikrobielle Eigenschaften. Das Kauen einiger Kümmelfrüchte soll schlechten Mundgeruch verhindern.

Kurkuma

Kurkuma oder „Gelbwurz“ gehört zu den Ingwergewächsen. Verwendet wird der Wurzelstock der Pflanze, die in Südasien schon seit über 4000 Jahren u. a. als Gewürz (Er verleiht Currymischungen ihre gelbe Farbe!) und zur Heilung eingesetzt wird. Für die gelbe Farbe der Kurkumawurzel ist der Pflanzenstoff Curcumin verantwortlich, der ein wirksamer Zellschutzstoff ist und auch entzündungs- und tumorhemmend wirken kann. Der Geschmack der Wurzel ist bei der bei uns üblichen Pulverform eher „zurückhaltend“. Kurkuma-Öl soll die Blutfettwerte günstig beeinflussen und das Herz-Kreislauf-System stärken. Kurkuma, schwarzer Pfeffer und etwas Öl – diese Mischung erhöht die heilenden Eigenschaften der Kurkumawurzel um ein Vielfaches.

Liebstöckel

Diese weitverbreitete Gewürzpflanze ist auch als „Maggikraut“ bekannt, was ihren charakteristischen Geschmack treffend beschreibt – für alle, die das flüssige Würzmittel *Maggi* kennen. (*Maggi*-Würze enthält jedoch keinen Liebstöckel.) Liebstöckel ist eine sehr pikante Bereicherung für Salate, Suppen und Eintöpfe. Liebstöckel wirkt appetitanregend und stärkt die Verdauungsorgane. Es wird bei Verdauungsbeschwerden und Blähungen eingesetzt.

Löwenzahn

Der Löwenzahn ist unser erster Frühlingsbote. Aus seinen zarten, jungen, nur leicht bitter schmeckenden Blättern lässt sich fein geschnitten ein leckerer, aber herber Salat zubereiten. Die gelben Blütenblätter des Korbblütlers eignen sich zur Herstellung eines wohlschmeckenden, honigähnlichen Sirups oder Gelees (französisch *Cramaillotte*, mit Orange, Zitrone und Zucker). Er hat wie viele andere Frühlingspflanzen eine starke blutreinigende Kraft und eignet sich daher vorzüglich für eine Frühjahrskur – im Salat, als Presssaft oder als Bestandteil des frisch zubereiteten Smoothie. Die wichtigsten Wirkstoffe des Löwenzahns sind die Bitterstoffe. Löwenzahn fördert die Sekretion der Verdauungsdrüsen und hat eine harntreibende Wirkung. Er wird bei Appetitmangel, Verdauungsbeschwerden mit Völlegefühl und Blähungen, bei Störungen im Bereich des Gallenabflusses und zur Anregung der Harnausscheidung bei entzündlichen Erkrankungen und Steinbildung eingesetzt. Auch bei Diabetes, bei rheumatischen Erkrankungen und Ekzemen soll er eine heilende Wirkung haben.

Meerrettich

Der Meerrettich treibt dem Genießer die Tränen in die Augen und dennoch ist er ungemein beliebt. Ende Oktober wird geerntet. Von der Pflanze wird die braungelbe Wurzel geschält verwendet. Sie enthält viel Vitamin C, die Vitamine B_1, B_2 und B_6, Kalium, Kalzium, Magnesium, Eisen und Phosphor, ätherische Öle, aus denen sich Senföle bilden, die u. a. antibiotisch wirken. Sie wirken antiseptisch und entzündungshemmend und stärken die Abwehrkräfte und schützen so vor Erkältungskrankheiten. Meerrettich kommt auch in konservierter Form in den Handel, z. B. gerieben und mit ein wenig Salz als Zusatz. Meerrettich sollte nie gekocht werden; er verliert dann seine Schärfe. Am besten geben Sie ihn erst kurz vor dem Servieren in Ihre Speise.

Muskatnuss

Muskatnüsse werden in unterschiedlicher Qualität angeboten. Die beste Sorte ist die ostindische Banda-Nuss. Die Muskatnuss hat einen prägnanten, feurigen und leicht bitteren Geschmack, daher empfiehlt es sich, zum Würzen nur einen „Hauch" Muskatnuss zu nehmen. Da sich ihre ätherischen Öle leicht verflüchtigen, wird Muskatnuss am besten frisch gerieben und erst am Ende der Kochzeit dazugegeben. Muskatnuss passt zu Suppen, Saucen und vielen Gemüsegerichten. Besonders in Blumenkohl-, Kartoffelgerichten sowie für Béchamelsauce ist Muskatnuss ein Klassiker. Muskatnuss hat eine antiseptische und desinfizierende Wirkung. Sie ist wirksam bei Durchfallerkrankungen und als mildes Analgetikum. Ihre antimikrobielle Wirkung kann bei Infektionskrankheiten sowohl bei innerlicher wie bei äußerlicher Anwendung hilfreich sein.

Nelken (Gewürznelken)

Die kleinen braunen Knospen sind ein vielseitiges Gewürz. Nelken verströmen einen unverwechselbaren und sehr intensiven Geruch. Sie sollten zum Würzen daher sehr vorsichtig dosiert werden. Essen sollte man nur den Nelkenkopf. Er hat einen runden und edlen Geschmack, der Stängel der Nelke ist dagegen fast penetrant bitter. In Brühen, Suppen, Gemüse und auch Punsch, eingelegtem Obst oder Kompott kocht man Nelken ganz mit oder lässt sie mit durchziehen und entfernt sie am Ende der Garzeit oder vor dem Servieren wieder. Nelken können auch in Pulverform untergemischt werden. Aber auch hier gilt: *Vorsichtig dosieren!* Ihr Eugenol besitzt eine betäubende Wirkung, weshalb das Kauen von Gewürznelken als Hausmittel gegen Zahnschmerzen bekannt ist. Spanische Wissenschaftler stellten fest, dass Nelken bei einem Vergleich der fünf mediterranen Gewürze (Oregano, Rosmarin, Thymian, Salbei und Gewürznelken), was den Gehalt an ätherischen Ölen, anbelangt, den höchsten Gehalt an Antioxidantien (Polyphenolen) aufwiesen.

Paprika

Paprika ist in drei unterschiedlichen Sorten erhältlich: Die rote Delikatess-Paprikaschote ist mild und feurig, die dunkelrote Edelsüß-Paprika ist mild und würzig und die tief dunkelrote Rosenpaprika ist sehr scharf. Paprika passt gut zu Salaten, kann aber auch in Saucen, Suppen und Gemüsegerichten sehr schmackhaft zubereitet werden. Paprika wird auch in gemahlener Form als Pulver zum Würzen verwendet. Paprikapulver enthält die Mineralstoffe Kalium, Magnesium, Zink sowie Kalzium und ist reich an Vitaminen, neben Vitamin A und B ist in ihr besonders viel Vitamin C enthalten.

Petersilie

Neben der krausen Petersilie, die besonders zum Dekorieren von Saucen, Suppen und Gemüsegerichten geeignet ist, gibt es auch die glattblättrige Gartenpetersilie. Beide Petersiliensorten haben einen hohen Vitamin-C-Gehalt, wobei der Vitamin- und Mineraliengehalt der glatten Petersilie insgesamt höher ist. Verwenden Sie die Stängel der Petersilie (etwa sehr fein gewiegt) mit, denn in ihr sind die meisten Nährstoffe enthalten!

Rosmarin

Die schmalen Blättchen des Rosmarins sind sehr beliebt in der mediterranen Küche. Geben Sie ihn am besten in einem Baumwollsäckchen während der Garzeit zu dem Gericht dazu und lassen ihn bis kurz vor dem Garwerden mit ziehen. Alternativ können die Blätter auch zerstoßen werden. Zum Mittessen sind Rosmarinblätter etwas zu hart. Innerlich als Tee angewendet, wirkt Rosmarin kreislaufanregend, gegen Blähungen, anregend bei der Blutzufuhr zu den Unterleibsorganen und der Bildung von Magen- und Darmsaft, galle- und harntreibend und appetitanregend. Äußerlich angewendet, wirkt Rosmarin durchblutungssteigernd und wird daher als Badezusatz sowohl bei Kreislaufschwäche, Durchblutungsstörungen als auch bei Gicht und Rheuma eingesetzt. Zudem fördert er so auch den Heilungsprozess von infizierten, schlecht heilenden Wunden. In Form von Salbe wird Rosmarin gegen Rheuma und Migräne eingesetzt.

Schnittlauch

Schnittlauch ist besonders reich an Vitamin C. Er kann sehr vielseitig verwendet werden: fein gehackt oder in feine Röllchen geschnitten für Gemüse, Suppen, Salate, Saucen oder Kartoffelgerichte. Schnittlauch kann sehr gut auf der sonnigen Fensterbank in einem Blumentopf gezogen werden. Er wirkt blutreinigend, harntreibend und schleimlösend sowie gegen Frühjahrsmüdigkeit, Bluthochdruck, Blähungen und Appetitlosigkeit.

Schwarzer Pfeffer

Der Pfeffer ist neben Salz das wichtigste Gewürz zum Abschmecken von Speisen. Bei unserer basischen Ernährung sollte nur schwarzer Pfeffer Verwendung finden. Er hat von allen Pfeffersorten den intensivsten Geschmack. So wie in der Antike der Pfeffer „Gold wert“ war, ist er das auch heute für unsere basische Ernährung. Pfeffer wirkt antioxidativ, hat antibakterielle und entzündungshemmende und vor allem appetitanregende und verdauungsfördernde Eigenschaften. Außerdem verbessert Pfeffer die Aufnahme der wichtigen Inhaltsstoffe anderer Gewürze und Nahrungsmittel. Er ist also, kurz gesagt, ein Allrounder unter den Gewürzen.

Spitzwegerich

In Salatmischungen, aber auch zum Garnieren von Suppen und Saucen ist der wild wachsende Spitzwegerich dank seines herben Geschmacks sehr beliebt. Die krautige Pflanze hat eine antibakterielle Wirkung und wird als Arzneidroge und Heilpflanze sehr geschätzt. Er wird besonders bei Katarrhen der oberen Luftwege verwendet und wirkt zudem stark verdauungsfördernd.

Zimt

Zimt war lange Zeit von Geheimnissen und Mythen umwoben, da man keine gesicherten Erkenntnisse über seine Herkunft hatte. Besonders für Süßspeisen und Gebäck ist Zimt ein Klassiker. Zimt sollte jedoch wegen seines intensiven Geschmacks vorsichtig dosiert werden. Dieses Gewürz regt die Magennerven an und stärkt das vegetative Nervensystem. Ceylon-Zimt enthält weniger Cumarin als andere Zimtarten und ist daher vorzuziehen.

Zitronenmelisse

Die Blätter der Zitronenmelisse strömen ein feines und erfrischendes Aroma aus, das besonders als Tee, aber auch als Zutat in Salaten und Salatdressings geeignet ist. Auch für Saucen kann Zitronenmelisse in Kombination mit Borretsch und Dill verwendet werden. Melissenblätter haben eine antimikrobielle und antivirale Wirkung, die in Salben zur Behandlung von Herpes simplex eingesetzt wird. In der Volksmedizin wird die Zitronenmelisse auch gegen Erkältungskrankheiten und bei Kreislaufschwäche verwendet.

Entzündungshemmende Gewürze, die heilende Eigenschaften bei Arthrose besitzen:

Chili, Ingwer, Kakao, Knoblauch, Kurkuma, schwarzer Pfeffer und Zimt. Kurkuma und schwarzer Pfeffer gemischt mit Öl, potenzieren sich in ihrer Wirkung.

Info

Empfehlungen von einer versierten Köchin für Ihre basenstarke vollwertige Vitalkostküche

Beachten Sie die folgenden Regeln, die sich aus meiner jahrzehntelangen eigenen Praxis ergeben haben, und Ihre Basenkur wird leicht gelingen und Ihnen körperlich und geistig Erleichterung und Vitalität bescheren:

- Obst, Gemüse (mit Ausnahme von grünen Erbsen!), Salate, Kräuter, Samen und Nüsse wie Haselnüsse, Kokosnüsse, Mandeln, Maronen, Pekannüsse, Pistazien und Quinoa sind gut für Ihre gesunde Säure-Basen-Balance.
- Selbstverständlich werden **Gemüse und Obst** vor dem Zubereiten geputzt (das bedeutet, dass verwelkte, unansehnliche Teile und solche, die man nicht mit verwenden will, entfernt werden) und gewaschen.
- Die angegebenen **Garzeiten von Bio-Gemüse** sind durchschnittliche Angaben. Mit den Lagerzeiten im Winter verlängern sich eventuell die Garzeiten.
- Amaranth, Cashewkerne, Chiasamen, Erdnüsse, Walnüsse, Kürbiskerne,. Leinsamen, Sesam, Sonnenblumenkerne ... sind dagegen Säurebildner und gehören bei der Basenkur nicht auf den Teller.
- Getreide sind allesamt Säurebildner. Quinoa allerdings gehört zur Gattung der Fuchsschwanzgewächse und enthält viele basisch wirksame Mineralstoffe, sodass Sie diese Samen – auch als Quinoaflocken –, nach Packungsangabe gekocht, anstatt Ihres gewohnten Müslis essen können.
- Für ein Salatdressing verwende ich Bio-Zitronensaft oder *Kanne Brottrunk®*.
- Mit **Gewürzen und Kräutern** können Sie sehr fantasievoll umgehen (siehe im Folgenden und unter „Kräuter und Gewürze verwenden", Seite 18 ff.) Sie enthalten viele basisch wirkende Nährstoffe. Ausnahmen sind hier nur weißer, grüner Pfeffer und roter Pfeffer sowie Senf. Und auch gekörnte Brühe sollten Sie vom Einkaufszettel streichen. Stellen Sie Ihre Gemüsebrühe (Rezept Seite 32) am besten auf Vorrat selbst her. Manche ihrer Inhaltsstoffe haben sogar spezielle heilende Eigenschaften.
- Ich verwende gern **Salzmischungen** wie Kräutersalz, Gewürzsalz, Schokoladensalz, Chilisalz, Vanillesalz, Ingwersalz, Knoblauchsalz, Lavendelsalz und viele mehr. Die beigefügten Gewürze, Kräuter und anderen natürlichen aromatischen Zutaten haben gesundheitsfördernde Eigenschaften und schenken den Speisen ihre Würze und ihr ganz besonderes Aroma. Einige Salzmischungen können Sie selbst herstellen[4] oder in Ihrem Bioladen oder im Reformhaus kaufen. (Online-Bezugsquellen für extravagantere Mischungen siehe unter „Bezugsquellen und informative Websites", Seite 150.). Wann

immer in den Rezepten in *Arthrose heilen mit basischer Ernährung* Salz als Zutat verwendet wird, können Sie mit diesen Salzmischungen ganz nach Ihrem persönlichen Geschmack und dem Ihrer Lieben experimentieren.

- Dennoch gilt: **Würzen Sie lieber, anstatt zu salzen**, denn auch der Salzgehalt von Mahlzeiten beeinflusst den Säure-Basen-Haushalt des Körpers negativ. Reduzieren Sie Ihren täglichen Salz-Verbrauch in jedem Fall auf weniger als 6 Gramm – gemeint ist hier jede Art von Salz: Meersalz, Steinsalz, Himalajasalz, Kräutersalz ...
- Bei frisch zubereiteten Rohkostsalaten bitte das Dressing über die Zutaten gießen, alles gut vermengen und das Ganze mindestens 1 Stunde ziehen lassen, dabei immer wieder gut durchmischen.
- Statt Kartoffeln können Sie auch Topinambur oder Süßkartoffeln als Beilage zu Gemüse verwenden. (Rezepte finden Sie unter „Kartoffeln & Co.", Seite 118 ff.)
- Anstelle von Schlagsahne können Sie immer auch Kokosmilch oder Kokossahne verwenden.
- Haben Sie einmal zu viel gekocht, so können Sie die Reste selbstverständlich im Kühlschrank oder in der kalten Jahreszeit auch draußen, auf Ihrem Balkon oder Ihrer Terrasse, 1 bis 2 Tage – am besten in verschlossenen Glasbehältern – aufbewahren.
- Bitte beachten Sie für die Zeit nach Ihrer Basenkur, dass Sie in jedem Fall über den Tag hinweg 80 Prozent basisch und höchstens 20 Prozent sauer verstoffwechselte Nahrungsmittel zu sich nehmen, damit die natürliche Säure-Basen-Balance erhalten bleibt. (Siehe Liste „Die gebräuchlichsten Basen und Säure bildenden Lebensmittel – ein Überblick", Seite 153 ff., und unter „Bezugsquellen und informative Websites", Seite 150).

Gemüsebrühe

Das Basisrezept

Für 2 Portionen

2 mittelgroße Zwiebeln
2 EL Olivenöl
2 Karotten
2 Petersilienwurzeln
¼ Knollensellerie
¼ Weißkohl
2 Stängel Staudensellerie (mit Blättern)
½ Stange Lauch
2–3 Fleischtomaten
2–3 l Wasser
3 Zweiglein Liebstöckel
1 Lorbeerblatt
4 Gewürznelken
1 EL schwarze Pfefferkörner
2 TL Salz
1 Knoblauchzehe

Die Zwiebeln schälen. Dann ½ Zwiebel fein würfeln. Die Zwiebelwürfel in einem großen Topf in Olivenöl glasig andünsten. Karotten, Petersilienwurzeln und Sellerie schälen und würfeln. Den Weißkohl und den Staudensellerie klein schneiden. Den Lauch der Länge nach durchschneiden, waschen und in halbe Ringe schneiden. Die restlichen 1½ Zwiebeln in Ringe schneiden. Von den Tomaten die grünen Teile entfernen, das Fleisch in Stücke schneiden.

Alle Gemüsezutaten zu der angedünsteten Zwiebel geben und das Wasser dazugießen. Die Kräuter, Gewürze, das Salz sowie den ungeschälten Knoblauch ebenfalls dazugeben und das Ganze 45 bis 60 Minuten zugedeckt köcheln lassen. Anschließend durch ein Sieb abgießen und die Brühe in einer Schüssel auffangen.

Tipps: Die Gemüsebrühe wird für viele Speisen verwendet. Sie können sie auf Vorrat kochen, denn im Kühlschrank ist die Brühe im gut verschlossenen Glasbehälter 3 Tage haltbar.

Eine leicht italienische Note bekommt die Brühe, wenn Sie zudem noch typische Kräuter der italienischen Küche wie z. B. Rosmarin verwenden.

Fenchel-Suppe

Für 2 Portionen

1 große Fenchelknolle (mit Grün)
½ l Gemüsebrühe (Rezept Seite 32)
Salz und frisch geriebene Muskatnuss zum Abschmecken
100 ml Schlagsahne
1 EL fein gewiegtes Fenchelgrün zum Anrichten

Die Fenchelknolle putzen (dabei das Kraut für später beiseitelegen), klein schneiden und in der Brühe etwa 10 Minuten im geschlossenen Topf garen, dann cremig pürieren. Mit Salz und Muskatnuss abschmecken. Die Sahne in die Suppe hineinrühren.

Servieren Das Süppchen in Schalen geben und mit dem fein gewiegten Fenchelkraut garniert genießen.

Wurzelpetersilien-Suppe

Für 2 Portionen

100 g Wurzelpetersilie
2 mehligkochende Kartoffeln
1 Zwiebel
1 EL Olivenöl
250 ml Gemüsebrühe (Rezept Seite 32)
Salz, frisch gemahlener schwarzer Pfeffer und frisch geriebene Muskatnuss zum Abschmecken

Die Wurzelpetersilie schälen und grob in Würfel schneiden. Die Kartoffeln schälen, waschen und ebenfalls würfeln. Die Zwiebel schälen, fein würfeln und in Olivenöl glasig andünsten. Wurzelpetersilie und Kartoffeln dazugeben und kurz mit anbraten. Das Ganze mit Gemüsebrühe auffüllen und etwa 30 Minuten im geschlossenen Topf köcheln lassen. Anschließend pürieren und mit Salz, Pfeffer und Muskatnuss abschmecken.

Sauerkrautsuppe

Für 2 Portionen

2 Zwiebeln
1 mittelgroße Stange Lauch
2 Karotten
1 große Kartoffel
1 EL Olivenöl
1 l Gemüsebrühe (Rezept Seite 32)
350 g mildes Sauerkraut
Salz und frisch gemahlener schwarzer Pfeffer zum Abschmecken

Die Zwiebeln schälen und fein würfeln. Den Lauch der Länge nach durchschneiden, waschen und in feine halbe Ringe schneiden. Die Karotten und die Kartoffel schälen und in kleine Würfel schneiden.

Die Zwiebeln in einem Topf in Olivenöl glasig andünsten, die Karotten- und Kartoffelwürfel dazugeben und mit andünsten. Anschließend die Gemüsebrühe dazugießen und das Ganze etwa 30 Minuten zugedeckt köcheln lassen.

Nun das Sauerkraut und den Lauch in die Suppe geben und noch einmal 10 Minuten leise weiterköcheln lassen. Die Sauerkrautsuppe mit Salz und Pfeffer abschmecken.

Servieren Das Süppchen in dekorativen Schalen anrichten und genießen.

Süßkartoffelsuppe

Für 2 Portionen

½ Zwiebel
1 EL Butter
400 g Süßkartoffeln (100 Gramm davon zum Anrichten)
25 ml Apfelsaft
250 ml Gemüsebrühe (Rezept Seite 32)
100 g Sojamilch
Salz und frisch gemahlener schwarzer Pfeffer zum Abschmecken
einige Tropfen Sojasauce (nach Geschmack)
1 Prise Chilipulver oder -flocken
1 TL Zuckerrübensirup
1 EL Kartoffelstärke zum Binden (falls nötig)
½ EL Butterschmalz
½ Bund Petersilie zum Anrichten

Die Zwiebel schälen und fein würfeln, anschließend in einem Topf in der Butter glasig andünsten.

Etwa drei Viertel der Süßkartoffeln schälen, würfeln, dazugeben und kurz mit andünsten. Das Ganze mit dem Apfelsaft ablöschen und dann die Gemüsebrühe dazugießen. Die Süßkartoffeln nun 12 bis 15 Minuten im geschlossenen Topf köcheln lassen.

Die Suppe cremig pürieren, die Sojamilch dazugießen und das Ganze erneut erhitzen. Mit Salz, Pfeffer, Sojasauce, Chili und Zuckerrübensirup kräftig abschmecken und eventuell mit etwas angerührter Kartoffelstärke leicht binden.

Servieren Die restlichen Süßkartoffeln schälen, in feine Streifen schneiden und in Butterschmalz anbraten. Die Petersilie waschen, die Blätter von den Stielen zupfen und fein wiegen. Die Suppe in Schälchen anrichten, mit den gebratenen Süßkartoffelstreifen garniert und mit der Petersilie bestreut auf den Tisch bringen.

Cremiges Meerrettichsüppchen

Für 2 Portionen
1 Zwiebel
200 g Knollensellerie
¼ Stange Lauch
1 EL Butter
2 Zweiglein Thymian
400 ml Gemüsebrühe (Rezept Seite 32)
½ Bund Petersilie
3 EL frisch geriebener Meerrettich (oder, wenn nicht zur Hand, aus dem Glas)
200 ml Schlagsahne
Salz und frisch gemahlener schwarzer Pfeffer zum Abschmecken

Die Zwiebel schälen und fein würfeln. Den Sellerie schälen und in kleine Würfel schneiden. Den Lauch der Länge nach durchschneiden, waschen und in feine halbe Ringe schneiden.

In einer Pfanne oder einem Wok die Zwiebel in der Butter glasig andünsten. Das Gemüse dazugeben und kurz mit andünsten. Die Thymianzweiglein zusammenbinden und hineingeben, die Brühe dazugießen und die Suppe 15 bis 20 Minuten zugedeckt köcheln lassen.

Die Thymianzweiglein entfernen. Die Petersilie waschen, Blätter mit Stielen grob hacken und unterrühren. Den Meerrettich und die Sahne in die Suppe geben, diese noch einmal gut erwärmen und anschließend cremig pürieren, dann mit Salz und Pfeffer abschmecken.

Servieren Das Süppchen in dekorativen Schälchen genießen.

Tipp: Sie können gern noch etwas frischen Meerrettich über die Suppe reiben.

Kartoffelsüppchen mit Kresse

Für 2 Portionen

1 mittelgroße Zwiebel
400 g festkochende Kartoffeln
2 EL Butterschmalz
900 ml Gemüsebrühe (Rezept Seite 32)
Salz und frisch gemahlener schwarzer Pfeffer zum Abschmecken
½ Handvoll Kresse zum Anrichten

Die Zwiebel und die Kartoffeln schälen, die Zwiebel fein würfeln, die Kartoffeln waschen und grob in Würfel schneiden. Die Zwiebel in einem Topf in Butterschmalz glasig andünsten. Die Kartoffeln dazugeben und kurz mit anbraten. Das Ganze mit Gemüsebrühe ablöschen und etwa 20 Minuten im geschlossenen Topf köcheln lassen.

Die Suppe pürieren und mit Salz und Pfeffer abschmecken.

Servieren Das Kartoffelsüppchen in dekorative Suppenteller oder -tassen füllen, mit Kresse bestreuen und genießen.

Bärlauch-Süppchen

Für 2 Portionen

1 kleine Zwiebel
100 g Knollensellerie
1 Stange Lauch
3 EL Butter
250 ml Gemüsebrühe (Rezept Seite 32)
Salz und frisch gemahlener schwarzer Pfeffer zum Abschmecken
1 Handvoll Bärlauch (etwas davon zurückbehalten zum Anrichten)
100 ml Schlagsahne (und 2 EL zum Anrichten, wenn gewünscht)

Die Zwiebel schälen und fein würfeln. Den Sellerie schälen und in Würfel schneiden. Den Lauch der Länge nach durchschneiden, waschen und in feine halbe Ringe schneiden. Die Zwiebel in einem Topf in der Butter glasig andünsten. Sellerie und Lauch dazugeben und kurz mit andünsten. Das Ganze mit der Brühe ablöschen und etwa 15 Minuten zugedeckt köcheln lassen.

Die Suppe nun pürieren und mit Salz und Pfeffer abschmecken.

In der Zwischenzeit den Bärlauch waschen, die Hälfte fein wiegen, die andere Hälfte pürieren und alles zusammen mit der Sahne in die Suppe hineinrühren.

Servieren Die Suppe in Tassen oder Teller geben und mit Bärlauch bestreut und etwas Sahne verziert anrichten.

Tipp: Dieses Süppchen schmeckt auch mit Kresse anstatt des Bärlauchs hervorragend.

Pastinaken-Suppe

mit Petersilienöl

Für 2 Portionen

Pastinaken-Suppe

125 g Pastinaken
1 Schalotte
1 EL Olivenöl
275 ml Gemüsebrühe (Rezept Seite 32)
100 ml Schlagsahne
Salz und frisch gemahlener schwarzer Pfeffer zum Abschmecken

Petersilienöl

½ Bund glatte Petersilie
75 ml Olivenöl
Salz zum Abschmecken

Pastinaken-Suppe Die Pastinaken schälen und in kleine Würfel schneiden. Die Schalotte schälen, fein würfeln und in Olivenöl glasig andünsten. Die Pastinaken dazugeben und kurz mit anbraten, dann das Ganze mit Gemüsebrühe auffüllen und 15 bis 20 Minuten zugedeckt köcheln lassen.

Das gegarte Gemüse in der Brühe cremig pürieren, die Sahne dazugeben, mit Salz und Pfeffer abschmecken und warm stellen.

Petersilienöl Die Petersilie waschen, Blätter mit Stielen grob hacken und in ein hohes Gefäß geben. Das Olivenöl daraufgießen und das Ganze cremig pürieren. Mit Salz abschmecken.

Servieren Die Pastinakensuppe in Schalen füllen und mit dem Petersilienöl beträufelt auf den Tisch bringen.

Apfel-Curry-Suppe

Für 2 Portionen

1 Zwiebel
Suppengemüse (1 Karotte, ¼ Stange Lauch, 1 Stück Knollensellerie)
2 EL Olivenöl
½ TL Kurkuma
1 EL Curry-Pulver
1 Fleischtomate
½ l Gemüsebrühe (Rezept Seite 32)
1 Lorbeerblatt
4 Zweiglein Thymian
Salz und frisch gemahlener schwarzer Pfeffer zum Abschmecken
2–3 säuerliche Äpfel
1 EL Zitronensaft (oder mehr nach Geschmack)
100 ml Schlagsahne zum Anrichten

Die Zwiebel schälen und fein würfeln. Karotte und Sellerie ebenfalls schälen und in Würfel schneiden, den Lauch der Länge nach durchschneiden, waschen und in feine halbe Ringe schneiden. Die Zwiebel in einem Topf in heißem Öl glasig andünsten, das Gemüse dazugeben und kurz mit andünsten. Anschließend Kurkuma und Curry darüberstreuen. Die Tomate mit heißem Wasser übergießen, dann die Haut abziehen, anschließend von den grünen Teilen befreien und fein hacken, dann ebenfalls in den Topf geben. Das Gemüse kurz mit andünsten, mit der Gemüsebrühe ablöschen.

Lorbeerblatt und Thymian mit Küchengarn zusammenbinden und in die Suppe geben. Diese nun etwa 20 Minuten zugedeckt köcheln lassen. Mit Salz und Pfeffer abschmecken.

Die Äpfel schälen, das Kerngehäuse entfernen und grob würfeln, in den Topf geben und weitere 10 Minuten mit köcheln lassen.

Anschließend das Kräutersträußchen entfernen, die Suppe pürieren und nochmals mit Salz, Pfeffer und Zitronensaft abschmecken.

Servieren Die Sahne cremig schlagen und je 1 Klecks Sahne auf die Suppe geben.

Kürbis-Birnen-Süppchen
mit Ingwer

Für 2 Portionen

200 g Kürbis (Muskat- oder Hokkaidokürbis)
1 feste, noch nicht reife Birne
½ TL frischer Ingwer
½ l Gemüsebrühe (Rezept Seite 32)
Salz und frisch gemahlener schwarzer Pfeffer zum Abschmecken
2 EL Schlagsahne
glatte Petersilie und etwas frisch gemahlener schwarzer Pfeffer zum Anrichten

Den Kürbis waschen, die Kerne und die Fasern mit einem Löffel herauskratzen, eventuell schälen (Muskatkürbis muss geschält werden!) und in Stücke schneiden. Die Birne schälen, das Kerngehäuse entfernen und in kleine Würfel schneiden. Den Ingwer ebenfalls schälen und fein würfeln.

Kürbis, Birne und Ingwer in einen großen Topf geben und das Ganze mit der Gemüsebrühe auffüllen. Etwas Salz dazugeben und das Gemüse etwa 10 Minuten im geschlossenen Topf garen.

Anschließend alles pürieren und die Suppe noch einmal mit Salz und Pfeffer abschmecken.

Servieren Die Suppe in dekorative Schälchen geben, je 1 Esslöffel Sahne vorsichtig in die Suppe hineinrühren, sodass ein marmoriertes Muster entsteht, das Ganze mit Petersilienblättchen dekoriert und etwas frisch gemahlenem schwarzem Pfeffer bestreut auf den Tisch bringen.

Kresse-Petersilien-Suppe mit Ingwer

Für 2 Portionen

1 Zwiebel
1 Knoblauchzehe
½ walnussgroßes Stück frische Ingwerwurzel
100 g mehligkochende Kartoffeln
1 EL Butter
400 ml Gemüsebrühe (Rezept Seite 32)
100 ml Schlagsahne
Salz und frisch gemahlener schwarzer Pfeffer zum Abschmecken
1 Handvoll Kresse
1 Handvoll glatte Petersilie (etwas zum Anrichten beiseitelegen)

Zwiebel, Knoblauch und Ingwer schälen und fein würfeln. Die Kartoffeln ebenfalls schälen, waschen und in Würfel schneiden. Die Zwiebel in einem Topf in der Butter glasig andünsten, anschließend den Knoblauch und den Ingwer dazugeben und kurz mit anbraten. Jetzt die Kartoffeln in den Topf geben, noch einmal kurz mit braten. Die Brühe daraufgießen und das Ganze etwa 20 Minuten zugedeckt köcheln lassen.

Die Suppe dann cremig pürieren, die Sahne dazugießen und das Ganze mit Salz und Pfeffer abschmecken. Die Kresse und die Petersilie waschen, fein wiegen oder schneiden und ebenfalls in den Topf geben.

Servieren Die Suppe in Schälchen füllen und mit etwas Petersilie garnieren.

Hokkaido-Karotten-Suppe mit Pepp

Für 2 Portionen

1 Zwiebel
2 Karotten
1 Hokkaidokürbis
2 EL Olivenöl
½ l Gemüsebrühe (Rezept Seite 32)
1 walnussgroßes Stück frische Ingwerwurzel
2 EL Schlagsahne
Salz und frisch gemahlener schwarzer Pfeffer zum Abschmecken

Die Zwiebel und die Karotten schälen und die Zwiebel in Ringe, die Karotten in Scheiben schneiden. Den Kürbis waschen und halbieren, die Kerne und die Fasern mit einem Esslöffel aus den beiden Hälften herauskratzen. Das Kürbisfleisch anschließend in Würfel schneiden.

Die Zwiebel in einem Topf in Olivenöl glasig andünsten. Anschließend die Karotten und den Kürbis dazugeben und kurz mit andünsten. Das Gemüse mit der Brühe ablöschen und etwa 30 Minuten zugedeckt köcheln lassen. Den Ingwer schälen, in feine Würfel schneiden und dazugeben.

Die Suppe cremig pürieren, die Sahne dazugeben und das Ganze mit Salz und Pfeffer abschmecken.

Servieren Die Suppe in Schälchen dekorativ anrichten und genießen.

Tipp: Wenn Sie es scharf mögen, können Sie mit dem Ingwer noch eine kleine Chilischote oder Chiliflocken dazugeben.

Kürbis-Tomaten-Suppe

orientalisch

Für 2 Portionen

250 g Kürbis (z. B. Hokkaidokürbis)
1 kleine Zwiebel
1 walnussgroßes Stück frische Ingwerwurzel
1 EL Butter
2 kleine Fleischtomaten
½ TL Kurkumapulver
1 Prise gemahlener Kreuzkümmel
1 Prise Korianderpulver
1 Prise Zimt
Salz zum Abschmecken
400 ml Gemüsebrühe (Rezept Seite 32)
75 ml Schlagsahne (und 1 TL zusätzlich pro Teller zum Anrichten)
ein paar Basilikumblättchen zum Anrichten

Den Kürbis aufschneiden, die Kerne und die Fasern mit einem Löffel herauskratzen, den Kürbis ggf. schälen (wenn kein Hokkaidokürbis verwendet wird) und in kleine Würfel schneiden. Die Zwiebel und den Ingwer schälen, beides fein hacken und in einem Topf in der Butter glasig andünsten. Den Kürbis dazugeben und kurz mit anbraten.

Die Tomaten waschen, die grünen Teile entfernen, das Fleisch grob würfeln und zu dem Kürbis-Fruchtfleich geben. Kurkuma, Kreuzkümmel, Koriander, Zimt und etwas Salz ebenfalls dazugeben.

Das Ganze mit Gemüsebrühe auffüllen und etwa 20 Minuten im geschlossenen Topf köcheln lassen. Die Suppe cremig pürieren und die Sahne einrühren.

Servieren Die Suppe in tiefe Teller geben, nochmals je 1 Teelöffel Sahne daraufträufeln und ein wenig verrühren.

Sellerie-Orangen-Suppe

Für 2 Portionen

1 Zwiebel
1 Scheibe Knollensellerie (etwa 150 g)
2 mittelgroße Kartoffeln
2 mittelgroße Karotten
½ l Gemüsebrühe (Rezept Seite 32)
1 Orange
1 EL Butter
125 ml Schlagsahne
Salz, frisch gemahlener schwarzer Pfeffer und Nelkenpulver zum Abschmecken
1 Handvoll Sellerieblätter (Herzblätter) zum Anrichten

Die Zwiebel schälen und fein würfeln. Sellerie, Kartoffeln und Karotten schälen, in kleine Würfel schneiden und in einem Topf in der Gemüsebrühe etwa 15 Minuten zugedeckt köcheln lassen.

Die Orange schälen, filetieren und die Filets in kleine Stücke schneiden. Anschließend das Orangenfruchtfleisch zu dem Gemüse in den Topf geben.

Das Ganze cremig pürieren und noch einmal kurz aufkochen lassen. Butter und Sahne dazugeben. Mit Salz, Pfeffer und Nelkenpulver abschmecken.

Servieren Die Suppe in Schälchen geben und mit den fein gehackten Sellerieblättern garnieren.

Topinambur-Suppe

mit angebratenen Waldpilzen

Für 2 Portionen

Suppe

250 g Topinambur
400 ml Gemüsebrühe (Rezept Seite 32)
100 ml Schlagsahne
1 Spritzer Zitronensaft
Salz und frisch geriebene Muskatnuss zum Abschmecken

Angebratene Pilze

1 Knoblauchzehe
100 g Edelpilze (z. B. Steinpilze, Pfifferlinge, Maronen-Röhrlinge)
1 EL Olivenöl
Salz und frisch gemahlener schwarzer Pfeffer zum Abschmecken

2–3 EL klein geschnittener Schnittlauch zum Anrichten

Suppe Den Topinambur schälen und in Würfel schneiden. Anschließend in einem Topf in der kochenden Gemüsebrühe etwa 10 Minuten zugedeckt köcheln lassen. Das Gemüse cremig pürieren, die Sahne dazugeben und das Ganze ein wenig einköcheln lassen. Den Zitronensaft in die Suppe geben und das Ganze mit Salz und Muskatnuss abschmecken.

Angebratene Pilze Den Knoblauch schälen und fein hacken. Die Pilze säubern (Auf keinen Fall mit Wasser abspülen!), klein schneiden und mit dem Knoblauch in heißem Olivenöl in einer Pfanne anbraten. Mit Salz und Pfeffer abschmecken, die Pfanne vom Herd nehmen.

Servieren Die Suppe in eine Terrine oder in tiefe Teller füllen. Die angebratenen Pilze daraufgeben und das Ganze mit Schnittlauch bestreut auf den Tisch bringen.

Rote-Bete-Salat mit Apfel

Für 2 Portionen

2 mittelgroße Rote-Bete-Rüben

2 kleine Vespergurken

1 säuerlicher Apfel

Dressing

100 ml Schlagsahne

1 EL frisch geriebener Meerrettich

Salz und frisch gemahlener schwarzer Pfeffer zum Abschmecken

1–2 EL Senfgurkensud (wenn gewünscht)

ein paar Stängel Schnittlauch zum Anrichten

Die Rote-Bete-Rüben waschen, in Salzwasser etwa 40 Minuten auf kleiner Flamme gar kochen, kalt abschrecken und die Haut abziehen. Anschließend in kleine Würfel schneiden.

Die Vespergurken waschen und ungeschält in gleich große Würfel schneiden. Den Apfel schälen, das Kerngehäuse entfernen und das Fruchtfleisch grob raspeln. Die Salatzutaten in einer Schüssel miteinander vermengen.

Dressing Sahne, Meerrettich und Gewürze in einer Schüssel cremig verrühren. Wenn gewünscht, noch Senfgurkensud dazugeben.

Servieren Das Dressing über die Zutaten gießen, alles gut vermischen und den Rohkostsalat mindestens 1 Stunde ziehen lassen, dabei immer wieder durchmischen. Den Schnittlauch waschen, trockentupfen, fein schneiden und über den Salat streuen.

Tomaten-Paprika-Salat

Für 2 Portionen
2 große reife Fleischtomaten
1 gelbe Paprikaschote
1 EL fein gewürfelte Zwiebeln

Von den Tomaten die grünen Teile entfernen und das Fruchtfleisch in dünne Scheiben schneiden. Die Paprikaschote waschen, den Stielansatz, die Kerne und die weißen Innenhäute entfernen. Die Schote achteln und 3 Minuten in etwa ½ Liter Salzwasser blanchieren, durch ein Sieb abgießen und abtropfen lassen. Anschließend nach Wunsch die Haut abziehen und den Paprika in dünne Streifen schneiden.
Servieren Tomaten, Paprika und Zwiebel vermengen, ein Dressing Ihrer Wahl (Rezepte Seite 136 ff.) darüberträufeln und alles noch einmal gut durchmischen. Den Salat anschließend 10 bis 20 Minuten kühl stellen und durchziehen lassen.

Info

Rohkostsalate aus Gemüse – Genuss und Heilung zugleich!

Appetitlich angerichtete Salate und Rohkostteller sind leckere Speisen und Heilkost zugleich. Ungekochtes Gemüse ist ungemein schmackhaft und dabei reich an Vitalstoffen – wertvollen Vitaminen, Mineralstoffen und sekundären Pflanzenstoffen, die der Gesundheit sehr zuträglich sind. Sie sättigen und fördern die Verdauung. Wichtig bei Rohkost ist, dass nur frische, hochwertige und einwandfreie Zutaten – also am besten **saisonale Bio-Zutaten aus regionalem Anbau, frisch** vom Erzeuger oder vom

Winterlicher Rohkost-Salat

Für 2 Portionen

1 Karotte
1 Stange Lauch
1 kleines Stück Knollensellerie (etwa 100 g)
1 säuerlicher Apfel
1 EL Zitronensaft
1 Handvoll in feine Streifen geschnittener Endiviensalat

Die Karotte schälen und mit dem Gemüsehobel fein raspeln. Den Lauch der Länge nach durchschneiden, waschen und in feine halbe Ringe schneiden. Den Sellerie schälen und fein raspeln. Den Apfel schälen, das Kerngehäuse entfernen und das Fruchtfleisch grob raspeln, den Zitronensaft darübergeben. Alle Zutaten in eine Schüssel geben und gut miteinander vermengen.

Servieren Die Zutaten, mit einer pikanten Salatsauce (Rezepte Seite 136 ff.) angemacht, genießen.

Bauernmarkt – Verwendung finden, die vor der Zubereitung gründlich geputzt (nicht verwendbare und unansehnliche Teile werden entfernt), gewaschen, ggf. geschält, klein geschnitten und beim Essen dann auch gut gekaut werden. Hartes rohes Gemüse können Sie auch auf einem Gemüsehobel reiben.

Als Rohkost eignen sich fast alle Gemüsesorten wie beispielsweise (in Scheiben geschnittene) Gurken, Tomaten, Radieschen, Rettiche, Äpfel, Birnen …; (in Streifen oder Scheiben geschnittene/r) Spinat, Lauch, Paprikaschoten, Chilischoten, Weißkohl, Spitzkohl, Tomaten sowie (mit dem Gemüsehobel geraspelte/r) Karotten, Rote Bete, Sellerie, Kohlrabi …

Chicorée-Mandarinen-Salat

Für 2 Portionen
2 Chicorée-Knospen
Saft von ½ Zitrone
2 Mandarinen

Dressing
1 EL Tomatenketchup
ein paar Tropfen Saft von den Mandarinen
2 EL Schlagsahne
Salz und frisch gemahlener schwarzer Pfeffer zum Abschmecken

ein paar Blätter grüner Salat zum Anrichten (wenn gewünscht)

Den Chicorée in dünne Streifen schneiden, waschen und mit dem Zitronensaft beträufeln. Die Mandarinen schälen, in Filets zerteilen und diese wiederum in kleine Stücke schneiden. Chicorée und Mandarinenstücke in eine Schüssel geben und gut vermengen.

Dressing Das Tomatenketchup mit etwas Mandarinensaft und der Sahne cremig verrühren, mit Salz und Pfeffer abschmecken.

Servieren Die Sauce über den Salat gießen und alles gut untermischen, anschließend etwa ½ Stunde ziehen lassen. Eine Schüssel mit Salatblättern auslegen und den Chicorée-Mandarinen-Salat dekorativ darauf anrichten.

Kohlrabi-Birnen-Salat
mit Mandeln

Für 2 Portionen
2 kleine Kohlrabi
1 Birne
1 EL Zitronensaft
50 g Mandeln

Dressing
2 EL Olivenöl
2 EL Kanne Brottrunk®
Salz und frisch gemahlener schwarzer Pfeffer zum Abschmecken

2 EL fein gehackte glatte Petersilie zum Anrichten

Die Kohlrabi schälen und mit dem Gemüsehobel grob raspeln. Die Birne schälen, das Kerngehäuse entfernen und ebenfalls grob raspeln, den Zitronensaft darübergeben und das Ganze gut vermengen. Die Mandeln hacken. Die Zutaten in eine Schüssel geben und miteinander vermengen.

Dressing Alle Zutaten cremig verrühren.

Servieren Das Dressing über den Salat geben. Alles gut vermengen, mindestens ½ Stunde ziehen lassen und zum Schluss die Petersilie untermischen.

Spitzkohlsalat
mit Granatapfelkernen

Für 2 Portionen
1 kleiner Spitzkohl
1 EL Salz
1 Granatapfel
1 walnussgroßes Stück frische Ingwerwurzel

Dressing
1 EL Olivenöl
Saft von ½ Zitrone
1 EL Rübensirup
Salz und frisch gemahlener schwarzer Pfeffer zum Abschmecken

frische Kräuter nach Wahl (z. B. Schnittlauch, 3–4 Blättchen Minze ...) zum Anrichten

Vom Spitzkohl den Strunk entfernen, das Kraut mit dem Gemüsehobel fein raspeln, in eine Schüssel geben, salzen und mit den Händen oder einem Kartoffelstampfer mürbe stampfen.

Dressing Alle Zutaten cremig verrühren.

Fertigstellen Das Dressing über das Kraut gießen. Den Granatapfel mit den Händen kraftvoll „massieren", dann halbieren, die schon etwas gelockerten Kerne mit einem Esslöffel herauslösen und den Saft dabei auffangen. Den Ingwer schälen und fein reiben. Granatapfelkerne und -saft mit dem Ingwer zu dem Kraut geben, alles gut vermengen und das Ganze mindestens ½ Stunde ziehen lassen.

Servieren Den Salat mit frischen Kräutern bestreut auf den Tisch bringen.

Wintereintopf

Für 2 Portionen

100 g Weißkohl
1 kleine Stange Lauch
100 g Karotten
1 mittelgroße Rote-Bete-Rübe
½ l Gemüsebrühe (Rezept Seite 32)
1 Lorbeerblatt
1 TL Kümmelsamen
½ EL Kanne Brottrunk®
Salz und frisch gemahlener schwarzer Pfeffer zum Abschmecken
1 TL frisch geriebener Meerrettich (wenn gewünscht)

Den Weißkohl in feine Streifen schneiden, anschließend waschen. Den Lauch der Länge nach durchschneiden, waschen und in feine halbe Ringe schneiden. Die Karotten schälen und in dünne Scheiben schneiden, die Rote-Bete-Rübe ebenfalls schälen und fein raspeln.

Das Gemüse in einen Topf geben, die Gemüsebrühe dazugießen. Das Lorbeerblatt und die Kümmelsamen in ein Baumwollsäckchen füllen und ebenfalls in den Topf geben. Das Ganze etwa 30 Minuten zugedeckt köcheln lassen.

Das Gewürzsäckchen entfernen. Brottrunk in den Eintopf geben, das Ganze mit Salz und Pfeffer abschmecken, den Meerrettich einrühren.

Bunter Zucchini-Eintopf

Für 2 Portionen

2 Karotten
4 mittelgroße Kartoffeln
1 Zucchini
2 mittelgroße Fleischtomaten
1 Zwiebel
100 g Champignons
30 g Butterschmalz
80 ml Gemüsebrühe (Rezept Seite 32)
Salz und frisch gemahlener schwarzer Pfeffer zum Abschmecken
1 Bund glatte Petersilie und/oder ½ Bund Dill zum Anrichten

Die Karotten und die Kartoffeln schälen und in kleine Würfel schneiden. Die Zucchini schälen, die beiden Enden abschneiden, die Zucchini der Länge nach halbieren und in etwa 2 Zentimeter dicke Scheiben schneiden. Die Tomaten waschen, die grünen Teile entfernen und das Fleisch in Achtel schneiden. Die Zwiebel schälen und fein würfeln. Die Pilze putzen (Auf keinen Fall mit Wasser abwaschen!) und in Scheiben schneiden.

Die Zwiebel in einem Topf in Butterschmalz glasig andünsten. Kartoffeln und Karotten dazugeben und kurz mit anbraten. Anschließend die Gemüsebrühe dazugießen und das Ganze etwa 10 Minuten bei mittlerer Hitze zugedeckt köcheln lassen. Zucchini, Pilze und Tomaten jetzt ebenfalls in den Topf geben und den Eintopf weitere 10 Minuten köcheln lassen. Anschließend mit Salz und Pfeffer abschmecken.

Servieren Petersilie und Dill waschen, trocken tupfen, die Blätter mit Stielen fein wiegen. Den Eintopf in Schüsselchen geben und mit den Kräutern bestreuen.

Kartoffel-Gurken-Eintopf

Für 2 Portionen

200 g Kartoffeln
2 Vespergurken
1 Zwiebel
100 g Champignons
2 Fleischtomaten
30 g Butterschmalz
80 ml Gemüsebrühe (Rezept Seite 32)
Salz und frisch gemahlener schwarzer Pfeffer zum Abschmecken
1 Bund glatte Petersilie und ½ Bund Dill zum Anrichten

Die Kartoffeln schälen und in kleine Würfel schneiden. Die Gurken waschen und ungeschält in etwa 2 Zentimeter dicke Scheiben schneiden. Die Zwiebel schälen und fein würfeln. Die Pilze putzen (Auf keinen Fall mit Wasser abwaschen!) und in Scheiben schneiden. Die Tomaten waschen, die grünen Teile entfernen und das Fleisch ebenfalls in Scheiben schneiden.

Die Zwiebel in einem Topf in Butterschmalz glasig andünsten. Die Kartoffeln dazugeben und kurz mit anbraten. Anschließend die Gemüsebrühe daraufgießen und das Ganze etwa 10 Minuten zugedeckt köcheln lassen. Gurken, Pilze und Tomaten dazugeben, das Ganze ein paar Minuten ziehen lassen und mit Salz und Pfeffer abschmecken.

Servieren Den Eintopf in Teller geben. Petersilie und Dill waschen, trocken tupfen, die Blättchen von den Stielen zupfen, grob hacken und in den Eintopf geben.

Russischer Borschtsch mit Sauerkraut

Für 2 Portionen

2 mittelgroße Karotten
1 kleine Stange Lauch
150 g mildes Sauerkraut
200 ml Gemüsebrühe (Rezept Seite 32)
1 Lorbeerblatt
1 EL Kümmel
2 mittelgroße Rote-Bete-Rüben
1 TL Zitronensaft
1 TL Zuckerrübensirup
Salz und frisch gemahlener schwarzer Pfeffer zum Abschmecken
100 ml Schlagsahne und etwas Petersilie (wenn gewünscht) zum Anrichten

Die Karotte schälen und fein würfeln. Den Lauch der Länge nach durchschneiden, waschen und in feine halbe Ringe schneiden. Beides mit dem Sauerkraut in einem geschlossenen Topf in der Gemüsebrühe garen. Lorbeerblatt und Kümmel in ein Baumwollsäckchen geben und mit kochen (Vor dem Servieren wieder entfernen!).

Die Rote-Bete-Rüben waschen, in Salzwasser etwa 40 Minuten auf kleiner Flamme gar kochen, kalt abschrecken und die Haut abziehen. Anschließend grob in Stücke schneiden, dann pürieren. Den Zitronensaft und das Zuckerrübensirup zu dem roten Rübenmus geben. Mit Salz und Pfeffer abschmecken und das Ganze zu dem Sauerkraut in den Topf geben. Alles gut verrühren.

Servieren Den Borschtsch in Tellern anrichten. Die Sahne schlagen und einen Klecks davon auf den Eintopf geben. Mit gehackter Petersilie bestreut genießen.

Szegediner Eintopf

mit angebratenen Pfifferlingen

Für 2 Portionen

500 g Kartoffeln
1 kleine Zwiebel
1 Knoblauchzehe
7 EL Olivenöl
1 TL Paprikapulver
20 ml Weißwein
50 ml Gemüsebrühe (Rezept Seite 32)
200 g mildes Sauerkraut
3 Wacholderbeeren
Salz und frisch gemahlener schwarzer Pfeffer zum Abschmecken

Angebratene Pfifferlinge

150 g Pfifferlinge
20 g Butterschmalz

½ Bund glatte Petersilie zum Anrichten

Die Kartoffeln schälen und in kleine Würfel schneiden. Die Zwiebel und den Knoblauch schälen und fein würfeln. Beides anschließend in einem Topf in Öl glasig dünsten, die Kartoffelwürfel dazugeben und kurz mit anbraten. Paprikapulver darüberstreuen, das Ganze mit Weißwein und Gemüsebrühe ablöschen, Sauerkraut und Wacholderbeeren dazugeben. Mit Salz und Pfeffer abschmecken und das Ganze etwa 20 bis 30 Minuten im geschlossenen Topf köcheln lassen.

Anschließend die Wacholderbeeren herausnehmen.

Angebratene Pfifferlinge Die Pilze putzen (Auf keinen Fall mit Wasser abwaschen!), in Scheiben schneiden und in Butterschmalz anbraten. Die Pfifferlinge zum Eintopf geben, gut einrühren.

Servieren Die Petersilie waschen, trocken tupfen und die Blättchen von den Stielen zupfen. Den Eintopf in Teller geben und mit Petersilienblättchen garnieren.

Kohlrabigemüse

Für 2 Portionen

3 mittelgroße Kohlrabi (mit Grün)
1 Zwiebel
1 EL Butterschmalz
Salz und frisch geriebene Muskatnuss zum Abschmecken
100 ml Gemüsebrühe (Rezept Seite 32)
125 ml Schlagsahne
die jungen Blätter des Kohlrabi oder 1 Bund Schnittlauch zum Anrichten

Die Blätter vom Kohlrabi entfernen, die Stiele abschneiden. Die Blätter beiseitelegen.

Den Kohlrabi schälen und in dünne Scheiben, anschließend in Stifte schneiden oder hobeln. Die Zwiebel schälen, fein hacken und in einem Topf in Butterschmalz hellgelb andünsten, Salz und Muskatnuss dazugeben. Die Kohlrabistifte dazugeben, das Ganze mit der Gemüsebrühe ablöschen und etwa 15 Minuten zugedeckt köcheln lassen.

Den Topf anschließend vom Herd nehmen, die Sahne zum Gemüse geben und vorsichtig unterrühren. Das Ganze noch einmal mit Salz und Muskatnuss abschmecken.

Die Blätter des Kohlrabi oder den Schnittlauch waschen, fein schneiden und über das Gemüse geben.

Tipps: Mögen Sie die Sauce des Gemüses gern ein bisschen sämiger, verrühren Sie etwas von der Kohlrabibrühe nach Packungsangabe mit Agar-Agar (Agar-Agar bitte vorsichtig dosieren!) und rühren es in die Sauce ein.

Kartoffelstampf (Rezept Seite 120) schmeckt zu diesem Gemüse hervorragend.

Lauchgemüse

Für 2 Portionen

1 mittelgroße Zwiebel
2 Stangen Lauch
30 g Butterschmalz
75 ml Gemüsebrühe (Rezept Seite 32)
2 EL Tomatenmark
Saft von ½ Zitrone
Salz und frisch gemahlene Muskatnuss zum Abschmecken

Die Zwiebel schälen und fein würfeln. Den Lauch der Länge nach durchschneiden, waschen und in etwa 3 Zentimeter dicke halbe Ringe schneiden.

Die Zwiebel in einem Topf in Butterschmalz hellgelb andünsten, dann den Lauch dazugeben und kurz mit andünsten. Mit der Gemüsebrühe ablöschen. Tomatenmark und Zitronensaft dazugeben und das Ganze mit Salz und Muskatnuss abschmecken.

Das Gemüse im geschlossenen Topf etwa 20 Minuten köcheln lassen. Anschließend noch einmal mit Salz und Muskatnuss abschmecken!

Tipp: Omas Schmorkartoffeln (Rezept Seite 119) schmecken köstlich zu diesem Lauchgemüse.

Geschmorter Fenchel

Für 2 Portionen

2 Fenchelknollen
1 Bio-Zitrone
2 Knoblauchzehen
einige Rucolablättchen
2 EL Olivenöl
100 ml Gemüsebrühe (Rezept Seite 32)
1 Lorbeerblatt
Salz und frisch gemahlener schwarzer Pfeffer zum Abschmecken
1–2 EL fein gehackte schwarze Oliven
1 EL Kapern
½ EL Zuckerrübensirup

Tipp: Bringen Sie zu diesem Gemüse Salzkartoffeln (Rezept Seite 118) auf den Tisch.

Die Fenchelknollen putzen und der Länge nach achteln, die Zitrone gut waschen, der Länge nach halbieren und anschließend quer in dicke Scheiben schneiden. Die Knoblauchzehen schälen und mit der flachen Seite der Messerklinge leicht zerdrücken, die Stiele vom Rucola abschneiden.

Den Fenchel in einem Topf etwa 5 Minuten in Olivenöl andünsten. Die Kartoffeln und den Knoblauch dazugeben und kurz mit andünsten. Die Gemüsebrühe dazugießen und das Lorbeerblatt sowie die Zitronenscheiben dazugeben. Das Ganze mit Salz und Pfeffer abschmecken.

Den Fenchel etwa 20 Minuten im offenen Topf garen, bis das Wasser ein wenig eingekocht ist. Das Lorbeerblatt entfernen, Rucola, Oliven und Kapern unter das Gemüse mischen. Den Zuckerrübensirup unterrühren und das Ganze noch einmal mit Salz und Pfeffer abschmecken.

Selleriegemüse

Für 2 Portionen

1 mittelgroßer Knollensellerie
1 EL Olivenöl
250 ml Gemüsebrühe (Rezept Seite 32)
Salz, frisch geriebene Muskatnuss und frisch gemahlener schwarzer Pfeffer zum Abschmecken

Den Sellerie schälen, achteln und anschließend in dünne Scheiben schneiden. Diese in einem Topf im Olivenöl andünsten, das Ganze dann mit der Gemüsebrühe ablöschen und den Sellerie etwa 10 Minuten im geschlossenen Topf weich garen.

Das Gemüse zum Schluss pürieren und mit Salz, Muskatnuss und Pfeffer abschmecken.

Tipp: Mit Salzkartoffeln (Rezept Seite 118) wird ein köstliches Gericht aus dem Selleriegemüse.

Brokkoligemüse

Für 2 Portionen

200 g Brokkoli
1 Zweiglein Minze
½ Chilischote (etwa 3 cm)
1 EL Rosinen
75 ml Schlagsahne
Salz zum Abschmecken

Den Brokkoli putzen und in Röschen zerteilen, die Stiele schälen und in Stifte schneiden. Beides 5 Minuten in Salzwasser blanchieren, herausnehmen, abschrecken und wieder in den Topf zurückgeben.

Die Minze waschen, die Blättchen von den Stielen zupfen und hacken. Die entkernte, von den weißen Innenhäuten (in ihnen liegt die meiste Schärfe) befreite, gehackte Chilischote, die Rosinen und die Sahne ebenfalls in den Topf geben und mit dem Brokkoli gut vermengen.

Das Gemüse mit Salz abschmecken.

Tipp: Zum Brokkoligemüse passen Bratkartoffeln (Rezept Seite 121), mit ein wenig Chilisalz abgeschmeckt, ganz hervorragend.

Paprikagemüse

Für 2 Portionen

1 mittelgroße rote Paprikaschote
1 mittelgroße gelbe Paprikaschote
1 Zwiebel
1 Knoblauchzehe (nach Geschmack)
1 walnussgroßes Stück frische Ingwerwurzel
½ Stange Lauch
1 Fleischtomate
2 EL Olivenöl
100 ml Gemüsebrühe (Rezept Seite 32)
100 ml Schlagsahne
1 TL Salz
1 Msp. Paprikapulver
frisch gemahlener Pfeffer und Curry zum Abschmecken
2 EL frisch gehackte Kräuter nach Wahl (glatte Petersilie, Schnittlauch, Basilikum, Thymian) zum Anrichten

Die Paprikaschoten waschen, Stielansatz, Kerne und weiße Innenhäute entfernen und das Fruchtfleisch in kleine Würfel schneiden. Zwiebel, Knoblauch und Ingwer schälen und fein würfeln. Den Lauch der Länge nach durchschneiden, waschen und in feine halbe Ringe schneiden. Von der Tomate die grünen Teile entfernen und das Fruchtfleisch in kleine Stücke schneiden.

Die Zwiebel in einem Topf in Olivenöl glasig dünsten, nach und nach Knoblauch, Ingwer, Paprika und Tomate dazugeben und jeweils kurz mit andünsten. Das Ganze mit Gemüsebrühe ablöschen und auf kleiner Flamme etwa 15 Minuten zugedeckt garen. Die Sahne dazugießen, salzen, Paprikapulver dazugeben und mit Pfeffer und Curry abschmecken.

Servieren Das Gemüse in Teller geben und mit den Kräutern bestreut auf den Tisch bringen.

Tipp: Kartoffelstampf (Rezept Seite 120) oder Omas Schmorkartoffeln (Rezept Seite 119) schmecken dazu herrlich.

Wintergemüse aus dem Backofen

Für 2 Portionen

300 g Süßkartoffeln
150 g Pastinaken
150 g Karotten
1 TL Butter (zum Einfetten der Auflaufform)
2 Knoblauchzehen
3 Zweiglein Thymian
1 kleine rote Zwiebel
½ Bio-Zitrone
1 EL Olivenöl
Salz und frisch gemahlener schwarzer Pfeffer zum Abschmecken
1 EL trocken geröstete, grob gehackte Mandeln
ein paar Stängel glatte Petersilie zum Anrichten

Tipp: Zum Ofengemüse passt ein Rohkostsalat (Rezepte Seite 52 ff.) perfekt.

Den Backofen auf 200 °C (Umluft: 180 °C) vorheizen.

Süßkartoffeln, Pastinaken und Karotten schälen und in Würfel oder in Spalten schneiden.

Eine Auflaufform mit der Butter einfetten. Das Gemüse in die Form geben. Die Knoblauchzehen schälen und als Ganze dazugeben. Die Thymianzweiglein waschen, trocken tupfen und ebenfalls zum Gemüse geben.

Die Zwiebel schälen und in Achtel schneiden. Die Zitrone gut waschen, nicht schälen und die Hälfte ebenfalls achteln. Die Zwiebel- und die Zitronenstücke in die Auflaufform legen, das Olivenöl darüberträufeln, Salz und Pfeffer darüberstreuen und alles gut vermengen.

Das Gemüse in den Backofen schieben und etwa 30 Minuten (bissfest) garen. Ungefähr 5 Minuten vor Ende der Garzeit die Thymianzweige aus der Auflaufform nehmen und die Mandeln dazugeben. Alles noch einmal vermengen und kurz (5 Minuten) in den Ofen schieben.

Servieren Die Petersilie waschen, trocken tupfen, die Blätter von den Stielen zupfen und grob hacken. Das Ofengemüse mit fein gewiegter Petersilie bestreut auf den Tisch bringen.

Äpfel mit Meerrettich

Für 2 Portionen

2 säuerliche Äpfel
60 ml Wasser
1 TL Zuckerrübensirup
½ EL Zitronensaft
60 ml Schlagsahne
3 EL frisch geriebener Meerrettich
2 EL gehackte Mandeln
Salz zum Abschmecken

Die Äpfel schälen, vierteln, das Kerngehäuse entfernen und 10 Minuten in Wasser dünsten, anschließend pürieren und abkühlen lassen. Alle anderen Zutaten zu dem Apfelmus geben, alles gut vermengen und mit Salz abschmecken.

Tipp: Äpfel mit Meerrettich reichen Sie am besten zu Pellkartoffeln (Rezept Seite 118).

Gebackener Blumenkohl

Für 2 Portionen

1 kleiner Blumenkohl

1 TL Butter (zum Einfetten der Auflaufform)

250 ml Schlagsahne

1 Prise frisch geriebene Muskatnuss

Ingwer-Knoblauch-Salz und frisch gemahlener schwarzer Pfeffer zum Abschmecken

Den Backofen auf 180 °C (Umluft: 160 °C) vorheizen.

Den Blumenkohl putzen, waschen und in Röschen teilen, den Strunk schälen und in Stifte schneiden. Die Kohlröschen und die Stifte in Salzwasser etwa 5 Minuten zugedeckt garen, durch ein Sieb abgießen.

Eine Auflaufform einfetten, die Blumenkohlröschen in die Form geben, die Sahne über das Gemüse gießen, mit Salz und Pfeffer abschmecken und alles noch einmal gut vermengen.

Den Blumenkohl in den Backofen schieben und etwa 15 Minuten garen.

Tipp: Zum Blumenkohl passt wunderbar Kartoffelpüree (Rezept Seite 121), über das Sie frische, klein gehackte Kräutern streuen.

Süßkartoffeln & Petersilienwurzeln vom Backblech

Für 2 Portionen

150 g Süßkartoffeln
250 g Petersilienwurzeln
1 EL Olivenöl
Salz, frisch gemahlener schwarzer Pfeffer und Paprikapulver zum Abschmecken
2 Zweiglein Rosmarin

Den Backofen auf 200 °C (Umluft: 180 °C) vorheizen.

Die Süßkartoffeln und die Petersilienwurzeln schälen und in etwa ½ Zentimeter dicke Stifte schneiden. In einer Schüssel Olivenöl, Salz, Pfeffer und Paprikapulver und die Rosmarinzweiglein mischen. Das Gemüse dazugeben und alles gut (am besten mit den Händen) vermengen, damit das Gemüse gut mariniert wird.

Dann das Gemüse auf einem mit Backpapier ausgelegten Backblech im Ofen etwa 25 Minuten backen.

Tipp: Dazu ein Rohkostsalat (Rezepte Seite 52 ff.), und Sie und Ihre Lieben sind glücklich.

Zucchini mit Mandeln

Für 2 Portionen

1 Zwiebel
3 EL Olivenöl
2 mittelgroße Zucchini
125 ml Gemüsebrühe (Rezept Seite 32)
Salz und frisch gemahlener schwarzer Pfeffer zum Abschmecken
1 EL Zitronensaft
50 g gehackte Mandeln

Die Zwiebel schälen, fein würfeln und in einem Topf in Öl glasig andünsten. Von der Zucchini die beiden Enden abschneiden, das Gemüse waschen und dann ungeschält in fingerdicke Scheiben schneiden. Die Zucchinischeiben zu den Zwiebeln geben, das Ganze mit Gemüsebrühe übergießen und mit Salz und Pfeffer abschmecken. Im geschlossenen Topf etwa 10 Minuten garen.

Den Topf vom Herd nehmen, Zitronensaft und Mandeln einrühren und das Ganze noch einmal mit Salz und Pfeffer abschmecken.

Servieren Die Zucchini in einer vorgewärmten Schüssel anrichten und sofort auf den Tisch bringen.

Tipp: Zu den Zucchini mit Mandeln passen wunderbar Bratkartoffelstampf (Rezept Seite 124) und Omas Schmorkartoffeln (Rezept Seite 119).

Sauerkraut-Kartoffel-Mix

Für 2 Portionen

400 g mehligkochende Kartoffeln
1–2 Zwiebeln
1 walnussgroßes Stück frische Ingwerwurzel
1 EL Olivenöl
200 g mildes Sauerkraut
50–100 g Butter (davon 1 TL Butter zum Einfetten der Auflaufform)

Den Backofen auf 180 °C (Umluft: 160 °C) vorheizen.

Die Kartoffeln schälen, waschen, eventuell in Stücke schneiden und in Salzwasser weich kochen. Das Kartoffelwasser abschütten. Die Kartoffeln stampfen (Auf keinen Fall mit einem Stabmixer verarbeiten!).

Die Zwiebeln und den Ingwer schälen und fein würfeln. Die Zwiebeln in Öl glasig andünsten. Den Ingwer, dann das Sauerkraut dazugeben und beides kurz mit andünsten.

Kartoffelstampf und Sauerkraut grob vermengen und in eine eingefettete Auflaufform geben. Die Butter in einem kleinen Topf flüssig werden lassen und anschließend gleichmäßig über die Kartoffel-Sauerkraut-Masse gießen.

Das Ganze für etwa 20 Minuten in den Backofen stellen.

Schwarzwurzelgemüse mit Birne

Für 2 Portionen

300 g Schwarzwurzeln
½ l Wasser
2 EL Zitronensaft
1 EL Butter
2 EL Maronenmehl
Salz und frisch gemahlener schwarzer Pfeffer zum Abschmecken
1 große Birne
200 ml Weißwein
etwas Olivenöl
1 Bund Petersilie zum Anrichten

Tipp: Omas Schmorkartoffeln (Rezept Seite 119) schmecken zu diesem Schwarzwurzelgemüse einfach lecker.

Die Schwarzwurzeln unter fließendem Wasser abbürsten (am besten Gummihandschuhe tragen), schälen, in 3 bis 5 Zentimeter lange Stücke schneiden und sofort in einen Topf mit dem kochenden Wasser und dem Zitronensaft legen. Das Gemüse nun 20 bis 30 Minuten zugedeckt köcheln lassen und anschließend in ein Sieb geben und abtropfen lassen. (Die Brühe auffangen!)

Die Butter im Topf flüssig werden lassen, das Maronenmehl hineinstreuen, gut verrühren und das Ganze mit der Schwarzwurzelbrühe ablöschen. Die gegarten Schwarzwurzeln dazugeben und das Ganze mit Salz und Pfeffer abschmecken.

Die Birne schälen, das Kerngehäuse entfernen, das Fleisch in dünne Scheiben schneiden und in einem weiteren Topf in Weißwein garen, anschließend zu dem Schwarzwurzelgemüse geben.

Servieren Das Gemüse in einer dekorativen Schale auf den Tisch bringen. Die Petersilie waschen, die Blätter von den Stielen zupfen, fein wiegen und über das Gemüse streuen. Etwas Olivenöl darüberträufeln.

Lauch-Apfel-Gemüse

Für 2 Portionen

2 Stangen Lauch
1 Karotte
1 EL Olivenöl
125 ml Gemüsebrühe (Rezept Seite 32)
2 säuerliche Äpfel
125 ml Weißwein
Salz und frisch gemahlener schwarzer Pfeffer zum Abschmecken

Den Lauch der Länge nach durchschneiden, waschen und in dünne halbe Ringe schneiden. Die Karotte schälen, in dünne Scheiben schneiden.

Den Lauch in einer Pfanne in Olivenöl leicht andünsten, die Karottenscheiben dazugeben und ein paar Minuten mit andünsten. Die Gemüsebrühe dazugießen und das Gemüse etwa 20 Minuten zugedeckt köcheln lassen.

Die Äpfel waschen, das Kerngehäuse entfernen und mit Schale in dünne Scheiben schneiden. Anschließend in einem Topf in Weißwein bissfest garen.

Die Äpfel zum Lauch geben und das Gemüse vor dem Anrichten mit Salz und Pfeffer abschmecken.

Tipp: Bringen Sie dieses Gemüse mit Bratkartoffeln (Rezept Seite 121) oder Omas Schmorkartoffeln (Rezept Seite 119) auf den Tisch. Das schmeckt einfach lecker.

Bunte Gemüsepfanne

Für 2 Portionen

500–750 g Gemüse der Jahreszeit (z. B. Karotten, Knollensellerie [mit Grün], Petersilienwurzel, Kohlrabi, Blumenkohl, Brokkoli; rote, gelbe und grüne Paprikaschote; Lauch, Wirsing, Rosenkohl, Grünkohl, Zwiebeln, Zucchini usw.)

200 ml Wasser

2 EL Butter

1 TL Kräutersalz

2 EL frisch gehackte Kräuter (nach Geschmack)

Das Gemüse putzen und grob in Stücke schneiden, anschließend eines nach dem anderen in eine trockene Pfanne schichten (maximal bis zum Rand), das Wasser dazugießen, den Deckel aufsetzen und das Ganze etwa 15 Minuten bei geringer Temperatur dünsten. Den Deckel in dieser Zeit nicht anheben und nicht umrühren.

Die Butter in einem kleinen Topf flüssig werden lassen. Kräutersalz über das gegarte Gemüse streuen und die flüssige Butter darübergießen.

Servieren In der Pfanne mit Kräutern bestreut auf den Tisch bringen.

Tipp: Zu dieser Gemüsepfanne reichen Sie am besten Kartoffelstampf (Rezept Seite 120).

Karottengemüse
mit Orangengeschmack

Für 2 Portionen
½ Bund Karotten
30 g Butter
100 ml frisch gepresster Orangensaft
½ TL Kurkuma
Chili- oder Currysalz und frisch gemahlener schwarzer Pfeffer zum Abschmecken
2 Zweiglein Basilikum

Die Karotten schälen und in dünne Scheiben schneiden. Anschließend in einem Topf in der Butter goldbraun anbraten. Das Gemüse mit Orangensaft ablöschen und 6 bis 8 Minuten zugedeckt köcheln lassen. Kurkuma dazugeben und das Gemüse mit dem Salz und Pfeffer abschmecken.

Servieren Das Karottengemüse in eine Servierschüssel geben. Den Basilikum waschen, trocken tupfen, die Blättchen von den Stielen zupfen und das Gemüse damit garnieren.

Tipp: Gebackener Topinambur (Rezept Seite 132) schmeckt fantastisch zu diesem Gemüse.

Buntes Auberginen-Gemüse

Für 2 Portionen

1 kleine Zwiebel
½ Fenchelknolle (das Grün zum Anrichten beiseitelegen)
2 EL Olivenöl
½ Aubergine
½ grüne Paprikaschote
2 mittelgroße Fleischtomaten
100 ml Gemüsebrühe (Rezept Seite 32)
Salz und frisch gemahlener schwarzer Pfeffer zum Abschmecken

Die Zwiebel schälen und fein würfeln. Die halbe Fenchelknolle putzen und in dünne Scheiben schneiden.

Die Zwiebel in einem Topf in Olivenöl glasig andünsten. Den Fenchel dazugeben und mit andünsten, bis er weich zu werden beginnt. Die Aubergine in große Würfel schneiden, die Paprikaschote entkernen, von den weißen Häuten befreien und das Fruchtfleisch klein würfeln. Beides ebenfalls in den Topf geben und kurz mit anbraten. Die Tomaten waschen, die grünen Teile entfernen, das Fleisch fein hacken und mit der Brühe in den Topf geben. Das Gemüse zum Kochen bringen und 15 bis 20 Minuten zugedeckt köcheln lassen.

Anschließend kräftig mit Salz und Pfeffer abschmecken.

Servieren Das Gemüse in Tellern anrichten und mit dem gehackten Fenchelgrün bestreut auf den Tisch bringen.

Tipp: Pellkartoffeln (Rezept Seite 118) sind die perfekte Beilage für dieses Gemüse.

Buntes Fenchelgemüse

Für 2 Portionen

1 Fenchelknolle
300 ml Gemüsebrühe (200 ml für den Fenchel und 100 ml für die Paprika; Rezept Seite 32)
1 EL Butter
1 grüne Paprikaschote
1 Zwiebel
1 EL Olivenöl
3 mittelgroße Fleischtomaten
1 EL Butter und frische Kräuter nach Wahl zum Anrichten

Die Fenchelknolle putzen, in dünne Scheiben schneiden und in 200 Millilitern Gemüsebrühe mit 1 Esslöffel Butter in etwa 20 Minuten im offenen Topf gar kochen.

Die Paprikaschote von Stiel, Kernen und weißen Innenhäuten befreien, das Fruchtfleisch in Streifen schneiden. Die Zwiebel schälen, in Ringe schneiden und in einem Topf in Olivenöl andünsten. Die Paprika dazugeben und das Gemüse mit 100 Millilitern Brühe etwa 10 Minuten zugedeckt gar ziehen lassen.

Inzwischen die Tomaten mit kochendem Wasser übergießen, kalt abschrecken und anschließend die Haut abziehen. Die grünen Teile entfernen, das Fleisch in kleine Stücke schneiden und ebenfalls zur Paprika in den Topf geben.

Nun die beiden Gemüse vorsichtig miteinander vermischen.

Servieren Mit etwas flüssiger Butter und fein gewiegten Kräutern anrichten.

Tipp: Sehr lecker schmeckt dieses Gemüse mit Kartoffelpüree oder -stampf (Rezepte Seite 120 f.).

Zucchini-Pilz-Ragout

Für 2 Portionen

1 Schalotte
½ Knoblauchzehe
Saft von ½ Bio-Zitrone
½ EL Olivenöl
2 mittelgroße Zucchini
250 g Champignons
½ EL Butter
Salz und frisch gemahlener schwarzer Pfeffer zum Abschmecken

Die Schalotte und die Knoblauchzehe schälen und fein würfeln. Die Schale der halben Zitrone hauchdünn mit einem Sparschäler abschälen und in ganz feine Streifen schneiden, anschließend die Zitrone auspressen. Von der Zucchini die beiden Enden abschneiden, das Gemüse waschen und dann ungeschält in 1 Zentimeter dicke Stifte schneiden. Die Champignons putzen (Auf keinen Fall mit Wasser abwaschen!) und in ½ Zentimeter dicke Scheiben schneiden. Die Pilze mit dem Zitronensaft beträufeln.

Die Zwiebel in einem Topf in Olivenöl glasig andünsten. Den Knoblauch dazugeben und kurz mit andünsten. Beiseitestellen.

Die Butter in einer Pfanne erhitzen, die Zucchini und die Champignons darin portionsweise einige Minuten nicht zu weich andünsten, mit Salz und Pfeffer abschmecken, angebratene Zwiebeln und Knoblauch dazugeben und das Gemüse in eine vorgewärmten Schüssel geben, damit das Ragout warm bleibt.

Tipp: Dieses Ragout bringen Sie am besten mit Kartoffelpüree (Rezept Seite 121) auf den Tisch.

Rote-Bete-Schalotten-Gemüse

Für 2 Portionen

2 Rote-Bete-Rüben
300 g Schalotten
1 EL Olivenöl
250 ml Gemüsebrühe (Rezept Seite 32)
1 Prise getrockneter, gerebelter Majoran
100 ml Schlagsahne
1 EL Butter
Salz und frisch gemahlener schwarzer Pfeffer zum Abschmecken

Anrichten

1 mittelgroßer säuerlicher Apfel
200 ml herber Weißwein

Die Rote-Bete-Rüben waschen, in Salzwasser etwa 40 Minuten auf kleiner Flamme gar kochen, kalt abschrecken und die Haut abziehen. Die Knollen in dünne Scheiben schneiden.

Die Schalotten schälen und in einem Topf in Olivenöl glasig andünsten, heiße Gemüsebrühe dazugießen und den Majoran hinzufügen. Die Schalotten etwa 30 Minuten zugedeckt ziehen lassen. Anschließend die Rote-Bete-Scheiben sowie Sahne und Butter in den Topf geben und das Gemüse mit Salz und Pfeffer abschmecken.

Den Apfel schälen, das Kerngehäuse entfernen, das Fruchtfleisch in Spalten schneiden, in einem weiteren Topf kurz in Weißwein andünsten und die Apfelspalten auf dem auf Tellern angerichteten Gemüse dekorativ verteilen.

Tipp: Zu diesem Gemüse servieren Sie am besten Salzkartoffeln (Rezept Seite 118).

Paprika-Gemüsegulasch

Für 2 Portionen

3 Kartoffeln
2 mittelgroße Zwiebeln
1 rote Paprikaschote
1 gelbe Paprikaschote
1 EL Olivenöl
250 ml Gemüsebrühe (Rezept Seite 32)
¾ TL getrockneter Majoran
1 TL Salz
½ TL Rosenpaprika

Die Kartoffeln schälen, waschen und in kleine Würfel schneiden. Die Paprikaschoten von den Stielansätzen, den Kernen und den weißen Innenhäuten befreien und ebenfalls in kleine Würfel schneiden. Die Zwiebeln schälen und fein würfeln.

Die Zwiebeln in einem Topf in Olivenöl glasig andünsten, dann die Kartoffel- und Paprikawürfel hinzugeben und kurz mit andünsten. Die Gemüsebrühe dazugießen und das Ganze im geschlossenen Topf 10 bis 15 Minuten köcheln lassen, bis die Kartoffeln weich sind.

Den Majoran, das Salz und den Rosenpaprika dazugeben.

Serbischer Weißkohl

Für 2 Portionen

1 mittelgroßer Weißkohl
1 große Zwiebel
1 Knoblauchzehe
1 walnussgroßes Stück frische Ingwerwurzel
2–3 EL Butterschmalz
2 rote Paprikaschoten
125 ml Weißwein
1 TL Salz
1 Lorbeerblatt
3 Wacholderbeeren
1 Msp. Rosenpaprika
1 Msp. Majoran

Den Kohl in Streifen schneiden und waschen. Die Zwiebel schälen und fein würfeln. Die Knoblauchzehe schälen und mit der flachen Seite der Messerklinge zerdrücken, den Ingwer schälen und fein würfeln.

Die Zwiebel in einem Topf in Butterschmalz hellgelb andünsten. Knoblauch und Ingwer dazugeben. Die Paprikaschoten von den Kernen, dem Stiel und den weißen Innenhäuten befreien. Anschließend mit einem Sparschäler schälen und in kleine Würfel schneiden. In den Topf geben und 5 Minuten mit schmoren lassen, dann den Weißkohl hinzufügen. Das Ganze mit Weißwein ablöschen. Salz, Kräuter und Gewürze dazugeben und das Gemüse etwa 40 Minuten im geschlossenen Topf köcheln lassen.

Nach dem Ende der Garzeit das Lorbeerblatt und die Wacholderbeeren entfernen.

Tipp: Servieren Sie dieses Gemüse mit Salzkartoffeln (Rezept Seite 118) oder Bratkartoffeln (Rezept Seite 121) – das ist wirklich ein Gedicht!

Buntes Gemüsecurry

Für 2 Portionen

100 g Zuckerschoten
1 große Karotte
2 Frühlingszwiebeln
6 Blätter Mangold
¼ Blumenkohl
3 Cocktailtomaten
100 g Pilze (Champignons oder Shiitake-Pilze)
2 EL Sesamöl
1 TL Curry
60 ml Kokosmilch
½ TL Zuckerrübensirup
Salz und frisch gemahlener schwarzer Pfeffer zum Abschmecken

Tipp: Blechkartoffeln (Rezept Seite 119) schmecken lecker zu diesem farbenfrohen Gemüse.

Die Zuckerschoten waschen, die Stielansätze abschneiden und die Schoten diagonal halbieren. Die Karotte schälen und ebenfalls schräg in dünne Scheiben schneiden. Die Frühlingszwiebeln waschen und die hellen Teile fein würfeln, das Grün in feine Ringe schneiden. Den Mangold putzen, waschen und in etwa 2 Zentimeter breite Streifen schneiden, den Blumenkohl waschen und in Röschen zerteilen, den Strunk schälen und in Stifte schneiden. Die Cocktailtomaten halbieren, die Pilze putzen (Auf keinen Fall mit Wasser abwaschen!) und in Scheiben schneiden.

Die Karotten und den Blumenkohl in einer hohen Pfanne oder einem Wok in Sesamöl scharf anbraten. Die Zuckerschoten und die Frühlingszwiebeln (die hellen Teile) hinzufügen und kurz mit anbraten, dann Mangold, Cocktailtomaten und Pilze dazugeben. Den Curry unterrühren und die Kokosmilch dazugießen. Das Gemüse 20 bis 30 Minuten zugedeckt köcheln lassen, den Zuckerrübensirup dazugeben, mit Salz und Pfeffer abschmecken.

Servieren Das Gemüsecurry mit den grünen Frühlingszwiebelringen bestreut auf den Tisch bringen.

Apfelrahmkraut

Für 2 Portionen

1 kleine Zwiebel
250 g Spitzkohl
1 kleine Karotte
ein sehr kleines Stück Knollensellerie (etwa 50 g)
1 TL Butter
1 TL getrockneter Majoran
1 TL Kümmelpulver
frisch geriebene Muskatnuss, Salz und frisch gemahlener schwarzer Pfeffer zum Abschmecken
50 ml Gemüsebrühe (Rezept Seite 32)
100 ml Schlagsahne
1 säuerlicher Apfel
1 EL kalte Butter
1 EL frisch gehackte Petersilie
1 Msp. Zimt

Tipp: Bratkartoffeln (Rezept Seite 121) sind eine wunderbare Beilage zum Apfelrahmkraut.

Die Zwiebel schälen und in dünne Ringe schneiden. Vom Spitzkohl die äußeren Blätter und den Strunk entfernen und den Rest in feine Streifen schneiden und waschen. Karotte und Sellerie schälen und in dünne Stifte schneiden. Beides in Salzwasser etwa 20 Minuten bissfest garen, durch ein Sieb abgießen und abtropfen lassen.

Die Zwiebelscheiben in einem Topf in der Butter glasig andünsten. Den Spitzkohl, die Karotte und den Sellerie dazugeben und kurz mit andünsten. Majoran und Kümmel hinzufügen. Das Ganze mit Muskatnuss, Salz und Pfeffer abschmecken, dann die Brühe und die Sahne dazugießen und das Gemüse etwa 15 Minuten zugedeckt köcheln lassen.

Den Apfel schälen, vierteln, das Kerngehäuse entfernen und das Fruchtfleisch in dünne Spalten schneiden. Die Apfelspalten in den Topf geben und nach weiteren 5 Minuten die Butter unterrühren. Das Apfelrahmkraut, falls nötig, noch einmal abschmecken.

Servieren Das Apfelrahmkraut in eine dekorative Schüssel geben. Die Petersilie zusammen mit dem Zimt über das Kraut streuen.

Chicorée mit Orangengeschmack

Für 2 Portionen

4 Chicorée-Knospen
1 Schalotte
2 EL Butter
1 EL Limettensaft
100 ml frisch gepresster Saft und abgeriebene Schale von 1 Bio-Orange
1 Zweiglein Thymian
1 Prise frisch geriebene Muskatnuss
Salz und frisch gemahlener schwarzer Pfeffer zum Abschmecken

Den Chicorée waschen, der Länge nach halbieren, den harten Ansatz keilförmig herausschneiden. Die Schalotte schälen, in feine Ringe schneiden.

Die Schalotte in einer Pfanne in der Butter glasig andünsten, mit Limettensaft ablöschen, Orangensaft und -schale und Thymian dazugeben, aufkochen lassen und die Chicorée-Hälften mit der Schnittseite nach unten in die Flüssigkeit hineinlegen. Muskatnuss dazugeben, mit Salz und Pfeffer abschmecken. Chicorée bei geringer Hitze 10 Minuten zugedeckt garen, in dieser Zeit einmal wenden. Den Thymian vor dem Servieren wieder aus der Pfanne herausnehmen.

Tipp: Bratkartoffelstampf (Rezept Seite 124) oder Omas Schmorkartoffeln (Rezept Seite 119) ergänzen dieses Gemüse perfekt.

Karottengemüse mit Apfel

Für 2 Portionen

300 g Karotten
1 Stück Knollensellerie (etwa 150 g)
1 Zwiebel
1 EL Butterschmalz
200 ml Gemüsebrühe (Rezept Seite 32)
1 säuerlicher Apfel
100 ml Weißwein
Salz, Oregano oder Currypulver zum Abschmecken
1 EL kalte Butter
etwas Schlagsahne (wenn gewünscht)
½ Bund Frühlingszwiebeln

Die Karotten, den Sellerie und die Zwiebel schälen und in dünne Scheiben schneiden. Die Zwiebelscheiben in einem Topf in Butterschmalz glasig andünsten, Karotten- und Selleriescheiben dazugeben und kurz mit andünsten lassen. Die Gemüsebrühe dazugießen und das Ganze zugedeckt etwa 20 Minuten köcheln lassen.

Den Apfel schälen, das Kerngehäuse entfernen, das Fruchtfleisch in dünne Spalten schneiden, etwa 5 Minuten in einem weiteren Topf in Weißwein andünsten und anschließend zum Gemüse geben.

Das Ganze weitere 8 bis 10 Minuten köcheln lassen. Mit Salz sowie Oregano oder Currypulver abschmecken, die kalte Butter in die Sauce einrühren, eventuell noch etwas Sahne dazugießen.

Zum Schluss die gewaschenen und in dünne Ringe geschnittenen Frühlingszwiebeln unter das Gemüse mischen.

Tipp: Zu diesem Gemüse schmeckt Kartoffelstampf (Rezept Seite 120) köstlich.

Zucchini mit Pfifferlingen

Für 2 Portionen
4 mittelgroße Zucchini

Pfifferlinge
1 Zwiebel
250 g Pfifferlinge
4 EL Olivenöl
250 ml Schlagsahne
Salz und frisch gemahlener schwarzer Pfeffer zum Abschmecken

Von der Zucchini die Enden abschneiden, das Gemüse waschen und dann ungeschält in ½ Zentimeter dicke Scheiben schneiden und diese etwa 5 Minuten in Salzwasser garen.

Pfifferlinge Die Zwiebel schälen und anschließend fein würfeln. Die Pfifferlinge putzen (Auf keinen Fall mit Wasser abwaschen!). Die Zwiebel in einer Pfanne im Olivenöl glasig andünsten, die Pfifferlinge dazugeben und 5 Minuten mit andünsten.

Das Ganze mit Sahne ablöschen und die Flüssigkeit bei schwacher Hitze 5 bis 10 Minuten in der offenen Pfanne einkochen lassen. Die Sauce anschließend mit Salz und Pfeffer abschmecken.

Servieren Die gekochten Zucchini auf den Tellern anrichten. Die Pilze mit Sauce darübergeben.

Tipp: In Butter angebratene kleine Pellkartoffeln (Rezept Seite 118) sind hier eine wundervolle Beilage.

Blumenkohl mit Mandelsauce

Für 2 Portionen

1 kleiner Blumenkohl
1 Schalotte
1 EL Butterschmalz
1 Prise frisch geriebene Muskatnuss
½ TL Kurkuma
1 TL Ingwerpulver
200 ml Gemüsebrühe (Rezept Seite 32)
Salz und frisch gemahlener schwarzer Pfeffer zum Abschmecken

Sauce

100 g Mandelblättchen
1 EL Butter
100 ml Schlagsahne
Salz und frisch gemahlener schwarzer Pfeffer zum Abschmecken

Den Blumenkohl putzen, waschen und in Röschen zerteilen. Die Schalotte schälen, fein würfeln und in einem Topf in Butterschmalz hellgelb andünsten, die Blumenkohlröschen dazugeben und kurz mit andünsten.

Muskatnuss, Kurkuma und Ingwer hinzufügen, die Gemüsebrühe dazugießen, das Gemüse etwa 10 Minuten im geschlossenen Topf köcheln lassen und anschließend mit Salz und Pfeffer abschmecken.

Sauce Die Mandelblättchen kurz in einer Pfanne in der Butter hellgelb anrösten, mit Sahne ablöschen und diese kurz aufkochen lassen. Mit Salz und Pfeffer abschmecken.

Servieren Den Blumenkohl auf Tellern verteilen und die Sauce darübergeben.

Tipp: Mit Kartoffelpüree (Rezept Seite 121) ist dieser Blumenkohl ein Gedicht!

Leipziger Allerlei mit Sahnesauce

Für 2 Portionen

50 g frische Pilze (Champignons, Shiitakepilze ...)
250 g grüne Bohnen
½ Blumenkohl
2 Kohlrabi
1 Bund junge Karotten (etwa 200 g)
Salz zum Abschmecken
2 EL Olivenöl
250 ml Gemüsebrühe (Rezept Seite 32)

Sauce

150 ml Schlagsahne
2 EL kalte Butter
Salz, frisch gemahlener Pfeffer und etwas Zitronensaft zum Abschmecken

½ Handvoll Kerbel zum Anrichten

Tipp: Schmeckt mit Pellkartoffeln (Rezept Seite 118) lecker.

Gemüse Frische Pilze säubern (Auf keinen Fall mit Wasser abspülen!) und halbieren, große Pilze vierteln. Die Bohnen putzen, waschen und nach Belieben in Stücke, den Blumenkohl in Röschen teilen, den Strunk schälen und in Stifte schneiden. Die Kohlrabiknollen schälen und in Stifte, die Karotten schälen und geviertelt in Scheiben schneiden.

Das Gemüse getrennt in je einem Topf zugedeckt in wenig Salzwasser garen, das Wasser abgießen und das Gemüse auf eine Platte legen.

Die Pilze in einer Pfanne in Olivenöl anbraten, mit der Gemüsebrühe ablöschen, diese auf die Hälfte einkochen lassen. Die Pilze aus der Pfanne nehmen zum Gemüse legen. Gemüse und Pilze im Backofen bei etwa 100 °C warm halten.

Sauce Die Sahne zum Pilzfonds gießen und das Ganze noch einmal kurz aufkochen lassen. Die Sauce mit kalter Butter binden und mit Salz, Pfeffer und etwas Zitronensaft abschmecken.

Servieren Die Kerbelblättchen fein hacken. Die Sauce über das Gemüse gießen, mit Kerbelblättchen bestreuen.

Fruchtiges Sauerkraut

Für 2 Portionen

400 g milchsauer vergorenes Sauerkraut
2 EL Butter
100 ml Weißwein
1 Zwiebel
2 Nelken
1 TL Honig
Salz zum Abschmecken
100 ml Apfelsaft

Das Sauerkraut, gut auseinandergezupft, in einem Topf in der Butter andünsten und dann den Weißwein dazugießen. Die Zwiebel schälen, die beiden Nelken hineinstecken und die Zwiebel ebenfalls in den Topf geben. Das Kraut aufkochen lassen, den Honig hineingeben und das Ganze mit Salz abschmecken.

Das Sauerkraut 20 bis 25 Minuten zugedeckt weitergaren. Die Zwiebel herausnehmen und zum Schluss den Apfelsaft dazugießen.

Tipp: Kartoffelpüree (Rezept Seite 121) ist eine herrliche Beilage für dieses Kraut.

Süß-scharfes Gemüse

Für 2 Portionen

1 mittelgroße Karotte
100 g Shiitakepilze
1 walnussgroßes Stück frische Ingwerwurzel
1 Knoblauchzehe
1 frische, mittelgroße rote Chilischote (etwa 5 cm lang)
75 g Ananas
2 EL Olivenöl
1 Handvoll in Streifen geschnittener Chinakohl
2 EL Zitronensaft
100 ml Gemüsebrühe (Rezept Seite 32)
Salz und gemahlener Chili (wenn gewünscht) zum Abschmecken
1 TL Speisestärke

Tipp: Dieses Gemüse passt perfekt zu Kartoffelstampf (Rezept Seite 120) oder Salzkartoffeln (Rezept Seite 118).

Die Karotte schälen und in dünne Scheiben schneiden. Die Pilze putzen (Auf keinen Fall mit Wasser abspülen!) und halbieren, große Pilze vierteln. Den Ingwer schälen und in sehr dünne Scheiben schneiden. Den Knoblauch schälen und fein hacken. Die Chilischote der Länge nach halbieren, die Kerne und die weißen Innenhäute (Sie enthalten die meiste Schärfe!) entfernen, die Schotenhälften waschen und in sehr feine Streifen schneiden. Die Ananas schälen, den Strunk entfernen und das Fruchtfleisch in kleine Stücke schneiden.

Die Karotten und die Pilze in einer großen Pfanne oder einem Wok in Olivenöl anbraten. Chinakohl, Ingwer, Knoblauch und Chili hinzufügen und kurz mit anbraten. Die Ananas und den Zitronensaft dazugeben, drei Viertel der Brühe hinzugießen und das Ganze etwa 20 Minuten zugedeckt köcheln lassen. Das Gemüse mit Salz und gemahlenem Chili abschmecken.

Die Speisestärke mit der restlichen kalten Brühe klümpchenfrei verrühren und zum Gemüse gießen. Das Ganze weitere 2 Minuten köcheln lassen und dann sofort servieren.

Tomaten-Zucchini-Gemüsegulasch

Für 2 Portionen

500 g vorwiegend festkochende Kartoffeln
2 Schalotten
2 TL Olivenöl
300 ml Gemüsebrühe (Rezept Seite 32)
4 mittelgroße Fleischtomaten
2 kleine Zucchini
2 EL Schlagsahne
Salz und frisch gemahlener schwarzer Pfeffer zum Abschmecken
2 Knoblauchzehen
2–4 frische Zweiglein Thymian (nach Geschmack)

Die Kartoffeln schälen und in kleine Würfel schneiden. Die Schalotten schälen und fein würfeln, dann in einem Topf in Olivenöl glasig andünsten. Die Kartoffelwürfel dazugeben und kurz mit andünsten. Dann die Brühe dazugießen und das Ganze im geschlossenen Topf etwa 15 Minuten köcheln lassen.

Inzwischen die Tomaten mit kochendem Wasser übergießen, kalt abschrecken und anschließend die Haut abziehen. Die grünen Teile entfernen und das Fruchtfleisch in Würfel schneiden. Von der Zucchini die beiden Enden abschneiden, das Gemüse waschen und dann ungeschält in ¼ Zentimeter dicke Scheiben schneiden. Die Tomaten, die Zucchini und die Sahne zu den Kartoffeln geben.

Das Gulasch zugedeckt bei schwacher Hitze weitere 5 Minuten köcheln lassen, dann mit Salz und Pfeffer würzig abschmecken. Den Knoblauch schälen und durch eine Knoblauchpresse in den Topf drücken. Die Thymianblättchen von den Stielen zupfen und unter das Gemüsegulasch mischen.

Servieren Das Gulasch in dekorative Teller geben und genießen.

Schlemmertopf mit Sommergemüse

Für 2 Portionen

1 Kohlrabi (mit Grün)
1 Bund junge Karotten (etwa 200 g)
200 g junge Bohnen
200 g junge Zuckerschoten
1 kleiner Blumenkohl
400 ml Wasser
3 EL Butter
1 TL Ingwersalz
2 EL frisch gehackte Petersilie

Den Kohlrabi schälen, von holzigen Teilen befreien und in 1 Zentimeter dicke Stifte schneiden, die Blätter klein hacken. Die Karotten sauber bürsten, sie werden nicht geschält und nicht klein geschnitten. Die Bohnen und die Zuckerschoten putzen. Den Blumenkohl in kleine Röschen zerteilen, den Strunk schälen und in Stifte schneiden.

Das Gemüse bunt mischen, in eine Pfanne oder einen Wok geben, das Wasser dazugeben und das Ganze zugedeckt bei geringer Hitze in etwa 15 Minuten garen. Die Butter in einem kleinen Topf flüssig werden lassen.

Servieren Das fertige Gemüse abgießen und in eine flache Schüssel geben, das Salz darüberstreuen, die zerlassene Butter darüberträufeln und die Petersilie darüberstreuen.

Tipp: Bratkartoffelstampf (Rezept Seite 124) passt zu diesem Gemüse perfekt.

Wirsinggemüse mit Aprikosen

Für 2 Portionen
1 kleine Zwiebel
500 g Wirsing
100 g getrocknete, ungeschwefelte Aprikosen
1 EL Olivenöl
100 ml Gemüsebrühe (Rezept Seite 32)
1 Schuss Weißwein
Salz und frisch geriebene Muskatnuss zum Abschmecken
Mandelblättchen (Menge nach Bedarf) zum Anrichten

Die Zwiebel schälen und fein würfeln. Den Wirsing in feine Streifen schneiden, die Aprikosen ebenfalls würfeln.

Die Zwiebel in einem Topf im Olivenöl glasig andünsten. Den Wirsing und die Aprikosenstücke dazugeben und kurz mit andünsten. Das Ganze mit der Gemüsebrühe ablöschen und etwa 10 Minuten zugedeckt leise köcheln lassen. Den Weißwein dazugießen und das Gemüse mit Salz und Muskatnuss abschmecken.

Servieren Die Mandelblättchen in einer Pfanne bei mittlerer Hitze ohne Fett anrösten, dann über das auf Tellern angerichtete Gemüse streuen. Guten Appetit!

Tipp: Zu diesem Wirsinggemüse schmecken Salzkartoffeln (Rezept Seite 118) herrlich.

Aubergine mit Tomaten und Knoblauch

Für 2 Portionen

1 große Aubergine
1 große Zwiebel
1–2 TL Paprikapulver
4 Knoblauchzehen
8 halbe, getrocknete, in Olivenöl eingelegte Tomaten (mit 2 EL des Öls)
5 EL Olivenöl
Salz und frisch gemahlener schwarzer Pfeffer zum Abschmecken
2–3 EL frisch gehackte glatte Petersilie

Die Aubergine in ½ Zentimeter dicke Scheiben schneiden. Die Zwiebel schälen, in Ringe schneiden und diese im Paprikapulver wälzen. Den Knoblauch schälen und in dünne Scheiben schneiden. Die getrockneten Tomaten in dünne Streifen schneiden.

Aubergine und Zwiebel in einer großen Pfanne in 2 Esslöffeln Olivenöl 3 bis 4 Minuten anbraten. Den Knoblauch dazugeben und 2 bis 3 Minuten mit anbraten, dann die Tomatenstreifen mit dem restlichen Öl hinzufügen.

Das Gemüse unter Rühren 8 bis 10 Minuten weiter garen, bis die Aubergine weich ist. Mit Salz und Pfeffer abschmecken. Zum Schluss vorsichtig die Petersilie unterrühren.

Tipp: Bratkartoffeln (Rezept Seite 121) sind eine perfekte Beilage zu diesem Gemüse.

Lauch-Kartoffel-Gemüse mit Radieschen

Für 2 Portionen

2 kleine Stangen Lauch
etwa 10 Radieschen
400 g festkochende Kartoffeln
2 TL Olivenöl
400 ml Gemüsebrühe (Rezept Seite 32)
Salz und frisch gemahlener schwarzer Pfeffer zum Abschmecken
1 Bund Schnittlauch zum Anrichten

Den Lauch der Länge nach durchschneiden, waschen und in feine halbe Ringe schneiden. Die Radieschen waschen und in Scheiben schneiden. Die Kartoffeln schälen, waschen und in feine Scheiben schneiden.

Den Lauch, die Radieschen- und die Kartoffelscheiben in einem Topf in Olivenöl andünsten. Die Gemüsebrühe dazugießen und das Ganze mit Salz und Pfeffer abschmecken. Das Gemüse auf kleiner Flamme zugedeckt etwa 20 Minuten garen, bis die Kartoffeln weich sind.

Servieren Den Schnittlauch waschen, trocken tupfen und fein schneiden. Das Gemüse kurz vor dem Servieren nochmals mit Salz und Pfeffer abschmecken und mit dem Schnittlauch bestreut servieren.

Tipp: Ein leckerer Rohkostsalat (Rezepte Seite 52 ff.) rundet dieses Gemüse perfekt ab.

Topinambur-Sellerie-Gemüse

Für 2 Portionen
250 g Topinambur
1 kleiner Knollensellerie
1 Zwiebel
1 EL Olivenöl
200 ml Gemüsebrühe (Rezept Seite 32)
Salz und frisch gemahlener schwarzer Pfeffer zum Abschmecken
Kräuter nach Wahl zum Anrichten

Den Topinambur und den Sellerie schälen und in dünne Scheiben schneiden.

Die Zwiebel schälen und fein würfeln, in einem Topf in Olivenöl glasig andünsten. Das Gemüse dazugeben, kurz mit andünsten, mit der Gemüsebrühe ablöschen und etwa 10 Minuten zugedeckt fertig garen. Mit Salz und Pfeffer abschmecken.

Servieren Das Gemüse in eine Schüssel geben und nach Belieben mit frisch gehackten Kräutern bestreuen.

Tipps: Verwenden Sie Chilisalz statt eines normalen Salzes und geben Sie diesem Gemüse so den richtigen Pfiff!

Mit einem Rohkostsalat (Rezepte Seite 52 ff.) ist dieses Gericht eine runde Sache.

Gemüse-Pilz-Ragout

Für 2 Portionen

1 mittelgroße Zwiebel
1 kleine Zucchini
1 rote Paprikaschote
250 g Champignons
1 weicher, säuerlicher Apfel (z. B. Boskop)
1 EL Olivenöl

Dressing

150 ml Schlagsahne
Salbei, Thymian, Kräutersalz und frisch gemahlener schwarzer Pffeffer zum Abschmecken

frische Kräuter nach Wahl zum Anrichten

Die Zwiebel schälen und fein würfeln. Von der Zucchini die beiden Enden abschneiden, das Gemüse waschen und dann ungeschält in etwa ½ Zentimeter dicke Stücke schneiden.

Die Paprikaschote waschen, halbieren, von Stielansatz, Kernen und weißen Innenhäuten befreien und das Fleisch in Streifen schneiden. Die Champignons putzen (Auf keinen Fall mit Wasser abwaschen!) und in Scheiben schneiden. Den Apfel schälen, achteln, das Kerngehäuse entfernen und das Fleisch in dünne Scheiben schneiden.

Die Zwiebeln in einer Pfanne im Öl glasig andünsten, nach und nach die Paprika, die Zucchini, die Champignons und den Apfel dazugeben und das Ganze 5 Minuten andünsten.

Dressing Die Sahne mit den Kräutern und Gewürzen verquirlen und das Ganze zum Gemüse geben.

Servieren Mit Kräutern bestreut auf den Tisch bringen.

Tipp: Pellkartoffeln (Rezept Seite 118) schmecken lecker zu diesem Gemüse.

Kartoffeln & Co.

Pellkartoffeln

Für 2 Portionen

500 g vorwiegend festkochende Kartoffeln

Die Kartoffeln mit Schale in Salzwasser im geschlossenen Topf mindestens 20 Minuten weich kochen. Das Wasser abgießen, den Deckel abnehmen und die Kartoffeln kurz ausdampfen lassen. Sofort servieren oder die Haut abziehen und die Kartoffeln (zu Kartoffelsalat, Bratkartoffeln, Butterkartoffeln ...) weiterverarbeiten.

Salzkartoffeln

Für 2 Portionen

500 g vorwiegend festkochende Kartoffeln

Die Kartoffeln schälen, waschen, eventuell in Stücke schneiden und im geschlossenen Topf in Salzwasser (so viel, dass die Kartoffeln fast bedeckt sind) mindestens 20 Minuten weich kochen. Das Wasser abgießen, Deckel abnehmen und die Kartoffeln kurz ausdampfen lassen. Sofort servieren.

Blechkartoffeln

Für 2 Portionen

500 g mittelgroße Kartoffeln
100 ml Olivenöl
Gewürze nach Wahl (frisch gemahlener schwarzer Pfeffer, Chilisalz, Majoran, Kümmel …)

Die Kartoffeln in Spalten schneiden. Das Öl mit den Gewürzen gut verrühren, die Kartoffeln auf ein mit Backpapier ausgelegtes Backblech legen und auf allen Seiten mit dem aromatischen Öl bestreichen. Die Kartoffelspalten im Backofen 30 bis 40 Minuten bei 200 °C (Umluft: 180 °C) backen.

Omas Schmorkartoffeln

Für 2 Portionen

500 g Kartoffeln
1 Zwiebel
2 EL Butterschmalz
1 TL Salz
200 ml Wasser

Die Kartoffeln schälen, waschen, in Würfel schneiden. Die Zwiebel schälen, fein würfeln und in einem Topf in Butterschmalz hellgelb andünsten. Die Kartoffelwürfel dazugeben und kurz mit andünsten, das Wasser und das Salz ebenfalls in den Topf geben. Das Ganze im geschlossenen Topf etwa 25 Minuten köcheln lassen. Nun den Deckel abnehmen und die Kartoffeln noch einmal etwa 5 Minuten köcheln lassen, bis das Wasser verdampft ist.

Kartoffelstampf

Für 2 Portionen

500 g mehligkochende Kartoffeln
1 mittelgroße Zwiebel
1 EL Butter
Salz und frisch geriebene Muskatnuss zum Abschmecken

Die Kartoffeln schälen, waschen, eventuell in Stücke schneiden und in Salzwasser (so viel, dass die Kartoffeln fast bedeckt sind) mindestens 20 Minuten zugedeckt weich kochen. Ein wenig Wasser abgießen (dieses auffangen und ggf. verwenden, wenn der Stampf zu wenig Flüssigkeit hat) und die Kartoffeln sofort grob stampfen.

Die Zwiebel schälen, fein würfeln, in einer kleinen Pfanne in Butter glasig andünsten und zum Kartoffelstampf geben. Mit Muskatnuss und Salz abschmecken.

Tipps: Verfeinern Sie Ihren Kartoffelstampf oder Ihr Kartoffelpüree (Rezept siehe rechts) durch gedünsteten Lauch, fein gehackte Kräuter oder gegarte und klein gehackte Maronen. Verwenden Sie hier jeweils zwei Drittel der Kartoffelmasse und ein Drittel der würzigen Zutaten.

Beim Servieren können Sie in die Mitte vom Kartoffelstampf oder -püree eine Vertiefung drücken und diese mit 1 Esslöffel zerlassene, braune Butter füllen. Das schmeckt köstlich.

Kartoffelpüree

Für 2 Portionen

500 g mehligkochende Kartoffeln
150 ml Kokosmilch
Salz und frisch geriebene Muskatnuss zum Abschmecken

Die Kartoffeln schälen, waschen, eventuell in Stücke schneiden und im geschlossenen Topf in Salzwasser (so viel, dass die Kartoffeln fast bedeckt sind) mindestens 20 Minuten weich kochen. Das Wasser abgießen und die Kartoffeln sofort durch die Kartoffelpresse drücken.

Die Kokosmilch ein wenig erwärmen und nach und nach unterrühren. Je nach Kartoffelsorte und gewünschter Konsistenz warme Kokosmilch nachgießen. Das Kartoffelpüree mit Salz und Muskatnuss abschmecken.

Bratkartoffeln

Für 2 Portionen

500 g festkochende Kartoffeln
1 EL Butterschmalz
Salz und frisch gemahlener schwarzer Pfeffer zum Abschmecken

Tipp: Wenn Sie mögen, können Sie noch fein gewürfelte Zwiebeln dazugeben.

Die Kartoffeln mit Schale in Salzwasser im geschlossenen Topf mindestens 20 Minuten weich kochen. Das Wasser abgießen, den Deckel abnehmen und die Kartoffeln kurz ausdampfen lassen. Von den lauwarmen Kartoffeln die Haut abziehen, die Kartoffeln in dünne Scheiben schneiden und in einer Pfanne in Butterschmalz goldbraun braten. Zuerst 1 Minute bei hoher Temperatur, dann langsam mit viel Geduld bei geringer Hitze knusprig fertig braten. Mit Salz und Pfeffer abschmecken.

Rosmarinkartoffeln

Für 2 Portionen

400 g kleine Kartoffeln
1 Zwiebel
1½ Knoblauchzehen
2 Zweiglein Rosmarin
2 EL Olivenöl
Salz und frisch gemahlener schwarzer Pfeffer zum Abschmecken

Den Backofen auf 220 °C (Umluft: 200 °C) vorheizen.

Die Kartoffeln mit Schale halbieren.

Die Zwiebel schälen und fein würfeln, den Knoblauch schälen und in sehr dünne Scheiben schneiden und die Rosmarinblättchen von den Stielen zupfen. Diese Zutaten in einer großen Schüssel mit dem Olivenöl verrühren, dann die Kartoffeln dazugeben und alles (am besten mit den Händen) gut vermengen.
Das Ganze mit Salz und Pfeffer kräftig abschmecken.

Die Kartoffelmischung in eine feuerfeste Form geben und 30 bis 40 Minuten im Backofen ohne Deckel garen.

Servieren Die Rosmarinkartoffeln in einer Schüssel auf den Tisch bringen.

Bratkartoffelstampf

Für 2 Portionen

250 g mehligkochende Kartoffeln
1 Zwiebel
2 EL Butterschmalz
Salz zum Abschmecken
100 ml Schlagsahne
frisch gehackte Kräuter nach Wahl (z. B. glatte Petersilie)

Die Kartoffeln mit Schale in Salzwasser im geschlossenen Topf mindestens 20 Minuten weich kochen. Das Wasser abgießen, den Deckel abnehmen und die Kartoffeln kurz ausdampfen lassen. Anschließend von den Kartoffeln die Haut abziehen und die Kartoffeln grob würfeln.

Die Zwiebel ebenfalls schälen und fein würfeln, dann in Butterschmalz goldgelb anbraten. Die Kartoffeln dazugeben und etwa 15 Minuten mit anbraten. Die Kartoffeln nun mit Salz abschmecken und das Ganze in einen Topf geben. Jetzt die Sahne hinzufügen und noch einmal kurz aufkochen lassen. Anschließend die Kartoffeln stampfen und die gehackten Kräuter unterheben.

Béchamel-Kartoffeln

Für 2 Portionen

500 g festkochende Kartoffeln
250 g Steckrüben (ersatzweise Karotten)

Sauce

1 kleine Zwiebel
15 g Butter
250 g Kokosmilch
etwas Agar-Agar (mit wenig Wasser oder Kokosmilch nach Packungsangabe angerührt)
Salz, frisch gemahlener Pfeffer und frisch geriebene Muskatnuss zum Abschmecken
½ Bund Schnittlauch

Die Kartoffeln mit Schale in Salzwasser im geschlossenen Topf mindestens 20 Minuten weich kochen. Das Wasser abgießen, den Deckel abnehmen, die Kartoffeln kurz ausdampfen lassen, lauwarm schälen und grob in Stücke schneiden.

Inzwischen die Steckrüben (Karotten) schälen, in 5 Zentimeter lange Stücke schneiden und diese in Salzwasser im geschlossenen Topf 8 bis 10 Minuten garen. Abseihen, mit kaltem Wasser abschrecken und abtropfen lassen.

Sauce Die Zwiebel schälen, fein würfeln und in einer Pfanne in der Butter glasig andünsten. Dann unter ständigem Rühren die Kokosmilch und das angerührte Agar-Agar dazugießen, das Ganze aufkochen lassen und mit Salz, Pfeffer und Muskatnuss abschmecken. Die Sauce bei mittlerer Hitze zugedeckt etwa 10 Minuten köcheln lassen. Den Schnittlauch fein schneiden und in die Sauce einrühren.

Die Kartoffeln und die Steckrüben oder Karotten in die Sauce geben und das Ganze noch einmal erhitzen.

Kartoffelauflauf

Für 2 Portionen

6 mittelgroße festkochende Kartoffeln
1 mittelgroße Zwiebel
1 TL Salz
1 TL frisch gemahlener schwarzer Pfeffer
6 EL Maronenmehl
1 TL Butter (zum Einfetten der Form)
4 EL zerlassene Butter
100 ml Gemüsebrühe (Rezept Seite 32)
300 ml Schlagsahne
etwas Chilisalz nach Geschmack
½ Bund glatte Petersilie zum Anrichten

Tipp: Dazu genießen Sie am besten einen Salat (Rezepte Seite 52 ff.).

Den Backofen auf 180 °C (Umluft: 160 °C) vorheizen.

Die Kartoffeln schälen, waschen und in dünne Scheiben schneiden. Die Zwiebel schälen und fein würfeln. Salz und Pfeffer mit dem Maronenmehl vermischen.

Eine kleine Auflaufform mit Butter einfetten und die Form mit einem Viertel der Kartoffelscheiben auslegen. Darauf ein Drittel der Zwiebeln verteilen und ein Viertel der zerlassenen Butter träufeln. Ein Drittel des Mehls darüberstreuen und diese Schicht mit wenig Gemüsebrühe bedecken. Das Ganze noch zweimal wiederholen, dann mit einer Kartoffelschicht abschließen. Zum Schluss die Sahne gleichmäßig darübergießen und die Kartoffeln mit Chilisalz bestreuen.

Den Auflauf etwa 90 Minuten im Backofen garen, bis die Kartoffeln weich sind und die Sahne aufgesogen ist. Dann aus dem Ofen nehmen.

Servieren Die Petersilie waschen, die Blättchen von den Stielen zupfen und den Auflauf damit garniert anrichten.

Kürbis-Kartoffel-Püree

Für 2 Portionen

200 g mehligkochende Kartoffeln
100 g Hokkaidokürbis
250 ml Gemüsebrühe (Rezept Seite 32)
Salz, frisch gemahlener schwarzer Pffeffer und frisch geriebene Muskatnuss zum Abschmecken
etwas frisch geriebener Ingwer (nach Geschmack)
1 EL Butter oder 1 EL Schlagsahne (nach Geschmack)

Die Kartoffeln schälen, waschen und in Würfel schneiden. Die Kerne und die Fasern mit einem Esslöffel aus dem Kürbis herauskratzen, das Kürbisfleisch ebenfalls würfeln. Beides im geschlossenen Topf in Gemüsebrühe garen, abseihen und noch heiß durch die Kartoffelpresse drücken.

Das Püree mit Salz, Pfeffer, Muskatnuss und Ingwer abschmecken. Nach Belieben noch etwas Gemüsebrühe hinzufügen und das Ganze mit Butter oder Schlagsahne verfeinern.

Kartoffel-Apfel-Stampf

Für 2 Portionen
500 g mehligkochende Kartoffeln
500 g säuerliche Äpfel
2 EL Butter
Salz zum Abschmecken

Zum Anrichten
2 Zwiebeln
2 EL Butterschmalz

Die Kartoffeln schälen, waschen, vierteln und in Salzwasser (so viel, dass die Kartoffeln fast bedeckt sind) im geschlossenen Topf etwa 15 Minuten lang kochen.

In der Zwischenzeit die Äpfel waschen, schälen, vierteln, das Kerngehäuse entfernen und die Apfelviertel zu den Kartoffeln geben. Kartoffeln und Äpfel weich kochen. (Die Flüssigkeit sollte fast aufgesogen sein.)

Die Butter zum Kartoffel-Apfel-Gemisch in den Topf geben und das Ganze stampfen und salzen.

Servieren Den Stampf in einer Schüssel auf den Tisch bringen. Die Zwiebeln schälen, würfeln oder in Ringe schneiden, in einer Pfanne in Butterschmalz hellgelb andünsten und dann über den Stampf geben.

Röstkartoffeln mit Champignons

Für 2 Portionen
250 g Kartoffeln
3 EL Butterschmalz
1 mittelgroße Zwiebel
150 g Champignons
Salz und frisch gemahlener schwarzer Pfeffer zum Abschmecken

Zum Anrichten
1 große Tomate
1 EL frisch gehackte glatte Petersilie

Die Kartoffeln schälen, waschen und in sehr dünne Scheiben schneiden. Die Kartoffelscheiben anschließend in einer Pfanne in Butterschmalz etwa 10 Minuten anbraten.

Die Zwiebel schälen und fein würfeln. Die Champignons putzen (Auf keinen Fall mit Wasser abwaschen!) und in Scheiben schneiden. Pilze und Zwiebel zu den Kartoffeln in die Pfanne geben, mit Salz und Pfeffer abschmecken und das Ganze in der geschlossenen Pfanne etwa 10 Minuten garen lassen.

Servieren Die Röstkartoffeln auf einer Servierplatte anrichten. Die Tomate in Schnitze schneiden, die grünen Teile dabei entfernen. Röstkartoffeln mit den Tomatenschnitzen und der Petersilie garniert auf den Tisch bringen.

Bunter Kartoffelsalat

Für 2 Portionen

200 g vorwiegend festkochende Kartoffeln
1 säuerlicher Apfel
2 Fleischtomaten
1 Vespergurke

Dressing

1 kleine Zwiebel
2 EL Olivenöl
Salz und frisch gemahlener schwarzer Pfeffer zum Abschmecken

Kräuter nach Wahl (z. B. Schnittlauch, glatte Petersilie ...) zum Anrichten

Die Kartoffeln mit Schale in Salzwasser garen. Das Wasser abgießen und die Kartoffeln im offenen Topf ausdampfen und ein wenig abkühlen lassen. Anschließend schälen und in Würfel schneiden.

Den Apfel schälen, das Kerngehäuse entfernen und das Fruchtfleisch in kleine Würfel schneiden. Die Tomaten von den grünen Teilen befreien und das Fleisch fein würfeln. Die Vespergurke ebenfalls fein würfeln. Alle Zutaten in eine Schüssel geben und gut miteinander vermengen.

Dressing Die Zwiebel schälen und fein reiben. Alle Dressingzutaten cremig verrühren.

Servieren Das Dressing über die Salatzutaten gießen und das Ganze gut vermischen. Jetzt mindestens 2 Stunden ziehen lassen. Die Kräuter waschen, die Blättchen von den Stielen zupfen, fein wiegen und über den Kartoffelsalat streuen.

Kartoffelsalat mit Sojasprossen

Für 2 Portionen

400 g festkochende Kartoffeln
½ Bund Radieschen
1 Stängel Staudensellerie (mit Grün)
100 g Sojasprossen
3 EL Kanne Brottrunk®
etwas Zitronensaft (nach Geschmack)
Salz und frisch gemahlener schwarzer Pffeffer zum Abschmecken
2 EL gehackte Sellerieblätter

Die Kartoffeln mit Schale in Salzwasser im geschlossenen Topf mindestens 20 Minuten weich kochen. Das Wasser abgießen, den Deckel abnehmen, die Kartoffeln kurz ausdampfen lassen, noch lauwarm schälen, anschließend abkühlen lassen und dann in dünne Scheiben schneiden. Die Radieschen und den Sellerie waschen, beides sehr fein schneiden und zusammen mit den Sprossen zu den Kartoffeln geben.

Brottrunk und Zitronensaft, gut verrührt, über die Kartoffeln gießen und den Salat mit Salz und Pfeffer abschmecken. Den Kartoffelsalat anschließend mindestens 30 Minuten ziehen lassen.

Servieren Die Sellerieblätter über den Salat streuen.

Gebackener Topinambur

Für 2 Portionen

500 g Topinambur
2 EL Olivenöl
Salz und frisch gemahlener schwarzer Pfeffer zum Abschmecken
etwas Petersilie zum Anrichten (wenn gewünscht)

Ofen auf 180 °C (Umluft: 160 °C) vorheizen.

Den Topinambur schälen und in etwa 1 Zentimeter dicke Scheiben schneiden. Mit Olivenöl vermengen, mit Salz und Pfeffer bestreuen und auf einem mit Backpapier ausgelegtem Backblech verteilen. Etwa 10 Minuten goldbraun und weich backen, nach der Hälfte der Zeit wenden.

Tipp: Schneiden Sie ihn nur einmal der Länge nach durch, braucht der Topinambur im Backofen 20 bis 30 Minuten, bis er gar ist.

Gebackene Süßkartoffeln

Für 2 Portionen

250–300 g Süßkartoffeln
1 TL Ingwersalz
Saft von ½ Limette
2 EL Olivenöl
Limettenspalten zum Anrichten (wenn gewünscht)

Die Süßkartoffeln schälen und in etwa ½ Zentimeter dicke Scheiben schneiden. Die Scheiben auf ein mit Backpapier ausgelegtes Backblech legen, salzen und mit dem Limettensaft und dem Olivenöl beträufeln und anschließend von beiden Seiten im Backofen etwa 3 Minuten goldgelb grillen.

Topinambur-Kartoffel-Gratin

Für 2 Portionen

1 TL Butter zum Einfetten der Auflaufform
½ TL Salz für die Auflaufform
300 g Kartoffeln
200 g Topinambur
200 ml Schlagsahne
1 Prise Bourbonvanille
1 Prise frisch geriebene Muskatnuss
Salz und frisch gemahlener schwarzer Pfeffer zum Abschmecken
1 EL gesalzene Butter

Den Backofen bei auf 180 °C (Umluft: 160 °C) vorheizen.

Eine Auflaufform mit Butter einfetten und leicht salzen.

Die Kartoffeln und den Topinambur schälen, waschen und in dünne Scheiben hobeln. Kartoffel- und Topinamburscheiben abwechselnd in die Auflaufform schichten. Die Sahne mit Vanille, Muskat, Salz und Pfeffer gut verquirlen und darübergießen.

Das Gratin etwa 40 Minuten im Backofen backen, bis Topinambur und Kartoffeln weich sind. Butterflöckchen auf der Oberfläche des Gratins verteilen und die Form noch einmal 5 Minuten unter den Grill (oder Oberhitze bei 180 °C) schieben, bis es oben hellbraun ist.

Süßkartoffel-Sellerie-Stampf

Für 2 Portionen
300 g Süßkartoffeln
200 g Knollensellerie
50 ml Schlagsahne
Gewürzsalz und frisch geriebene Muskatnuss zum Abschmecken

Zum Anrichten
1 kleine Zwiebel
1 EL Butterschmalz

Die Süßkartoffeln und den Sellerie schälen, grob in Würfel schneiden und anschließend im geschlossenen Topf in Salzwasser etwa 20 Minuten garen. Süßkartoffeln und Sellerie anschließend zusammen grob stampfen, die Sahne dazugeben und mit Salz und Muskatnuss abschmecken.

Servieren Die Zwiebeln schälen, fein würfeln und in Butterschmalz hellgelb andünsten, dann auf dem Stampf verteilen.

Salatdressing – Das Basisrezept

Für 2 Portionen

1 EL kalt gepresstes Olivenöl
1 EL kalt gepresstes Sonnenblumenöl
frisch gepresster Saft von ½ Zitrone
½ TL Zuckerrübensirup (nach Wunsch)
Kräutersalz und frisch gemahlener schwarzer Pfeffer zum Abschmecken

Alle Zutaten gut miteinander verrühren und über den Salat geben.

Salatdressing mit *Kanne Brottrunk®*

Für 2 Portionen

6 EL Kanne Brottrunk®
2 EL ungesüßter, naturtrüber Bio-Apfelsaft
Salz und frisch gemahlener schwarzer Pfeffer zum Abschmecken

Alle Zutaten gut miteinander verrühren und über den Salat geben.

Tipp: Je nach Geschmack können Sie anstatt des Brottrunks auch Zitronensaft oder Sauerkrautsaft verwenden oder sogar alle drei Zutaten.

Sahnedressing

Für 2 Portionen

2 EL Schlagsahne
2 EL Zitronensaft
Salz und frisch gemahlener schwarzer Pfeffer zum Abschmecken

Alle Zutaten gut miteinander verrühren und über den Salat geben.

Olivendressing

Für 2 Portionen

125 ml Schlagsahne
6 grüne Oliven
1 EL fein gehackte rote Paprikaschote
½ TL Zuckerrübensirup
Salz und frisch gemahlener schwarzer Pfeffer zum Abschmecken

Die Sahne steif schlagen und die Oliven fein wiegen. Alle Zutaten gut miteinander verrühren und über den Salat geben.

Kräuterdressing

Für 2 Portionen

1 kleine Zwiebel
2 EL frische Kräuter (z. B. Petersilie, Schnittlauch, Dill, Zitronenmelisse, Kerbel ...)
1 EL Sauerkrautsaft
1 TL Zitronensaft
Salz und frisch gemahlener schwarzer Pfeffer zum Abschmecken

Die Zwiebel schälen und fein würfeln. Die Kräuter waschen, trocken tupfen, die Blätter von den Stielen zupfen und grob hacken. Kräuter, Sauerkrautsaft und Zitronensaft pürieren. Die Zwiebelwürfel dazugeben, das Dressing mit Salz und Pfeffer abschmecken und über den Salat geben.

Tomatensauce

Für 2 Portionen

1 mittelgroße Zwiebel
1 EL Butterschmalz
30 ml trockener Weißwein
30 ml Gemüsebrühe (Rezepte Seite 32)
3 große Fleischtomaten
Salz und frisch gemahlener schwarzer Pfeffer zum Abschmecken
75 ml Schlagsahne
etwas Basilikum und Schnittlauch (nach Geschmack)

Zwiebel schälen und fein würfeln, dann in einem kleinen Topf in Butterschmalz glasig andünsten und mit Weißwein und Gemüsebrühe ablöschen. Die Tomaten mit heißem Wasser übergießen, die Haut abziehen, anschließend von den grünen Teilen befreien und das Fleisch in Würfel schneiden. Die Tomatenwürfel dann in die Zwiebelbrühe geben und etwa 10 Minuten köcheln lassen.

Das Ganze mit Salz und Pfeffer abschmecken, pürieren. Die Sahne unterrühren. Die Kräuter waschen, Basilikumblättchen von den Stielen zupfen und wie den Schnittlauch fein wiegen. Kräuter in die Sauce geben und einrühren, nicht mehr kochen.

Tipps: Diese Sauce können Sie mit 1 frischen geschälten, klein gewürfelten Pfirsich fantastisch verfeinern.

Mit einer entkernten, von den Innenhäuten befreiten und fein geschnittenen Chilischote wird die Sauce pikant!

Sollte die Sauce zu dünn sein, können Sie sie mit wenig Agar-Agar (nach Packungsangabe anrühren) oder ¼ bis ½ Teelöffel Maronenmehl andicken.

Meerrettichsauce

Für 2 Portionen
2 EL Butter
2 EL Maronen- oder Buchweizenmehl
300 ml Gemüsebrühe (Rezept Seite 32)
2–4 EL frisch geriebener Meerrettich (nach Geschmack)
1 EL Zitronensaft
½ TL Zuckerrübensirup
Salz zum Abschmecken

In einem kleinen Topf die Butter flüssig werden lassen, das Mehl hineinstäuben und im Fett unter Rühren anschwitzen. Die Gemüsebrühe ebenfalls unter Rühren dazugeben und das Ganze aufkochen lassen. Den Meerrettich, den Zitronensaft und den Zuckerrübensirup in den Topf geben, gut verrühren. Die Sauce mit Salz abschmecken.

Pilzsauce

Für 2 Portionen
200 g Pilze (z. B. Steinpilze, Pfifferlinge …)
2 EL Butter
2 EL Maronen- oder Buchweizenmehl
300 ml Gemüsebrühe (Rezept Seite 32)
150 ml Schlagsahne
Salz und frisch gemahlener schwarzer Pfeffer zum Abschmecken

Die Pilze putzen (Auf keinen Fall mit Wasser abspülen!) und in Scheiben schneiden. In einem kleinen Topf die Butter flüssig werden lassen, das Mehl hineinstäuben und unter Rühren im Fett anschwitzen. Die Gemüsebrühe ebenfalls unter Rühren dazugeben und das Ganze aufkochen lassen. Nun die Pilze hinzufügen und die Sahne unterrühren.

Zum Schluss die Sauce mit Salz und Pfeffer abschmecken.

Sauerkrautsauce

Für 2 Portionen

1 Zwiebel
1 mehligkochende Kartoffel
1 mittelgroße Karotte
1 kleines Stück Knollensellerie (etwa 100 g)
200 g mildes Sauerkraut
1 EL Butterschmalz
250 ml Gemüsebrühe (Rezept Seite 32)
250 ml Weißwein oder Apfelsaft
1 TL Paprikapulver
Salz und frisch gemahlener schwarzer Pfeffer zum Abschmecken
100 ml Schlagsahne

Die Zwiebel schälen und fein würfeln. Kartoffel, Karotte und Knollensellerie schälen und anschließend ebenfalls in kleine Würfel schneiden. Das Sauerkraut fein wiegen.

Die Zwiebel in einem kleinen Topf in Butterschmalz glasig andünsten, Kartoffel-, Karotten- und Selleriewürfel dazugeben und kurz mit anbraten. Dann das Sauerkraut dazugeben und das Ganze mit Gemüsebrühe und Weißwein oder Apfelsaft ablöschen.

Die Sauce nun etwa 20 Minuten köcheln lassen. Anschließend das Paprikapulver dazugeben und das Ganze mit Salz und Pfeffer abschmecken. Alles cremig pürieren und die Sahne hineinrühren.

Tipp: Je mehr Sahne Sie dazugeben, desto cremiger wird die Sauce.

Pikante Rotweinsauce

Für 2 Portionen

50 g Backpflaumen
150–200 ml Rotwein
2 große säuerliche Äpfel
1 Zwiebel
4 Karotten (mittelgroß)
250 ml Gemüsebrühe (Rezept Seite 32)
1 EL geschlagene Schlagsahne
Salz und frisch gemahlener schwarzer Pfeffer zum Abschmecken

Die Backpflaumen in Rotwein einweichen, nach 2 Stunden abtropfen lassen und den Rotwein auffangen.

Die Äpfel vierteln, das Kerngehäuse entfernen und das Fruchtfleisch klein schneiden (wenn die Schale der Äpfel zu hart ist, schälen). Die Zwiebel schälen und fein würfeln. Die Karotten ebenfalls schälen, in kleine Würfel schneiden und in einem kleinen Topf mit der Zwiebel in der Gemüsebrühe etwa 10 Minuten köcheln lassen, bis beides gar ist, anschließend mit den Rotweinpflaumen zusammen pürieren. Kurz vor dem Anrichten die Sahne in die Sauce und noch etwas Rotwein hineinrühren. Mit Salz und Pfeffer abschmecken.

Tipp: Ist die Sauce zu sämig, können Sie sie noch weiter mit dem aufgefangenen Rotwein verdünnen und abschmecken.

Tomaten-Birnen-Sauce

Für 2 Portionen

1 rote Paprikaschote

1 gelbe Paprikaschote

2 halbweiche Birnen

10 Kirschtomaten

8 EL Olivenöl

100 ml Gemüsebrühe (Rezept Seite 32)

Salz und frisch gemahlener schwarzer Pfeffer zum Abschmecken

Die Paprikaschoten halbieren, entkernen und die weißen Innenhäute entfernen. Die Birnen schälen und das Kerngehäuse entfernen. Paprika und Birnen in kleine Würfel schneiden. Die Tomaten vierteln und die grünen Teile entfernen.

Die Paprikawürfel in einem kleinen Topf in Olivenöl andünsten, die Birnenwürfel und dann die Tomaten dazugeben und mit andünsten. Jetzt die Gemüsebrühe dazugießen und das Ganze etwa 10 Minuten köcheln lassen. Die Sauce anschließend mit Salz und Pfeffer abschmecken.

Avocado-Dip

Für 2 Portionen
1 Avocado
1 TL frisch gepresster Zitronensaft
2 Msp. Salz
frisch gemahlener schwarzer Pfeffer zum Abschmecken
½ Handvoll frische Kresse

Die Avocado aufschneiden, den Kern entfernen. Das Fruchtfleisch mit einem Löffel aus der Schale heben und mit einer Gabel zerdrücken. Den Zitronensaft und das Salz unterrühren. Mit Pfeffer abschmecken. Die gewaschen Kresse fein wiegen und unterheben.

Tipp: Verwenden Sie ruhig auch einmal Chilisalz – das gibt der Avocadocreme Pfiff.

Kräuter-Dip

Für 2 Portionen
125 ml Schlagsahne
Salz und frisch gemahlener schwarzer Pfeffer zum Abschmecken
1 Knoblauchzehe
1 walnussgroßes Stück frische Ingwerwurzel
1 EL Dill (nach Geschmack)
1 EL Bärlauch (auch Blüten; nach Geschmack)

Die Sahne cremig schlagen und in einem Schälchen mit Salz und Pfeffer abschmecken. Den Knoblauch und den Ingwer schälen und fein reiben. Beides zu der Sahne geben und das Ganze vorsichtig vermengen. Die Kräuter waschen, die Blättchen von den Stielen zupfen oder abschneiden und ganz fein wiegen. Anschließend unter die würzige Sahne mischen.

Apfel-Zwiebel-Dip

Für 2 Portionen

5 mittelgroße Zwiebeln
1 EL Olivenöl
2 säuerliche Äpfel
Salz und frisch gemahlener schwarzer Pfeffer zum Abschmecken

Die Zwiebeln schälen, in dünne Scheiben schneiden und in einer Pfanne in Olivenöl glasig andünsten. Die Äpfel vierteln, das Kerngehäuse entfernen und das Fleisch in Scheiben schneiden. Die Äpfel zu den Zwiebelscheiben in die Pfanne geben und ein paar Minuten mit andünsten.

Das Ganze pürieren und mit Salz und Pfeffer abschmecken.

Tipps: Dieser Dip lässt sich mit 1 Teelöffel frisch geriebenem Ingwer und 1 durch eine Presse gedrückten Knoblauchzehe verfeinern.

Verschiedene Gemüsesorten (wie sehr fein geschnittene und anschließend ebenfalls angebratene Karotten, Kohlrabi) geben dem Dip eine andere Note und Farbe.

Süßsaurer Dip

Für 2 Portionen

3 mittelgroße Zwiebeln
1 Knoblauchzehe
1 EL Olivenöl
2 säuerliche Äpfel
1 walnussgroßes Stück frische Ingwerwurzel
Salz und frisch gemahlener schwarzer Pfeffer zum Abschmecken

Die Zwiebeln und den Knoblauch schälen, in dünne Scheiben schneiden und in einer Pfanne in Olivenöl glasig andünsten. Die Äpfel schälen, vierteln, das Kerngehäuse entfernen und das Fleisch in dünne Scheiben schneiden. Anschließend ebenfalls in die Pfanne geben und kurz mit andünsten, bis alles weich ist. Den Ingwer schälen, fein reiben und dazugeben. Den Dip mit Salz und Pfeffer abschmecken.

Tipp: Mit diesem süßsauren Dip lassen sich auch Suppen, Gemüse und verschiedene Salatsaucen verfeinern.

Gemüse-Dip

Für 2 Portionen

1 Karotte
1 säuerlicher Apfel
1 Zwiebel
1 Handvoll grob gehackter Staudensellerie (etwa 100 g)
20–50 g Rosinen
½ TL Ingwer
1 EL Zitronensaft
1 EL Kanne Brottrunk®
1–2 TL Erdmandelflocken
Salz und frisch gemahlener schwarzer Pfeffer zum Abschmecken

Die Karotte schälen und in kleine Würfel schneiden. Den Apfel vierteln, das Kerngehäuse entfernen, das Fruchtfleisch grob in Stücke schneiden. Die Zwiebel schälen und ebenfalls grob in Stücke schneiden. Alles zusammen mit den Rosinen und dem geschälten Ingwer (am besten in einem Hochleistungsmixer) cremig oder stückig pürieren – je nach Geschmack.

Zitronensaft, Brottrunk, Erdmandelflocken und Braunhirse dazugeben. Noch einmal kurz pürieren, dann mit Salz und Pfeffer abschmecken.

Tipp: Sollte der Dip zu flüssig sein, geben Sie einfach 1 bis 2 Esslöffel Braunhirse dazu.

Omas Bratäpfel

Für 2 Portionen

2 süßsaure Äpfel (z. B. Boskop)
100 g Rosinen
1 EL Mandelstifte
½ TL Zimtpulver (nach Geschmack mehr)
1 TL Butter (zum Einfetten des Backpapiers)

Den Backofen auf 220 °C (Umluft: 200 °C) vorheizen.

Die Äpfel waschen und das Kerngehäuse mit einem Apfelausstecher entfernen. Die Rosinen und die Mandelstifte vermischen, nach Geschmack Zimtpulver dazugeben und das Ganze in die Äpfel füllen.

Die Äpfel in ein gebuttertes Backpapier locker einschlagen (oben geschlossen) und das Ganze 20 bis 30 Minuten im Backofen backen.

Tipp: Auch Kardamom und Lebkuchengewürz schmecken lecker in diesem Bratapfel.

Apfelmus mit Schlag

Für 2 Portionen

3 süßsaure Äpfel (z. B. Boskop)
125 ml Weißwein
150 ml Schlagsahne

Die Äpfel schälen, entkernen und in einem kleinen Topf zugedeckt in Weißwein weich dünsten. Anschließend pürieren und mit der geschlagenen Sahne vorsichtig vermischen.

Apfel-Birnen-Kompott

Für 2 Portionen

1 süßsaurer Apfel (z. B. Boskop)
1 Birne
200 ml Orangensaft
2 EL gehackte Mandeln
4 EL Schlagsahne

Apfel und Birne schälen, das Kerngehäuse entfernen, das Fruchtfleisch in kleine Stücke schneiden und etwa 5 Minuten in einem kleinen geschlossenen Topf im Orangensaft köcheln lassen.

Das Obst abkühlen lassen und mit den Mandeln mischen.

Servieren Das Kompott in Dessertschälchen anrichten und etwas Sahne darübergießen.

Tipp: Sie können die Sahne natürlich auch schlagen.

Anhang

Anmerkungen

[1] Siehe Christian Rummel: *Ragnar Berg. Leben und Werk des schwedischen Ernährungsforschers und Begründers der basischen Kost. Europäische Hochschulschriften.* Peter Lang GmbH/ Internationaler Verlag der Wissenschaften, Bern/Schweiz 2003

[2] Siehe Lothar Wendt: *Die Eiweißspeicher-Krankheiten. Proteothesaurismosen.* Haug Verlag, Heidelberg 1987 (vergriffen)

[3] Siehe *www.arthroseselbsthilfe.de*

[4] Elisabeth Engler: *Kräuter- und Gewürzsalz. 101 leckere Salzmischungen. Höllisch scharf und himmlisch würzig.* CBV Compbook Verlag, Kranzberg 2016

[5] Eine ausführliche Auflistung von Lebensmitteln, beliebten Speisen und Fertiggerichten und ihrer Wirkung auf unser Säure-Basen-Gleichgewicht finden Sie in Prof. Dr. Jürgen Vormann: *Säure-Basen-Balance. Der Kompass für mehr Vitalität und Wohlbefinden.* Gräfe und Unzer Verlag, München 2016; siehe auch *www.saeure-basen-forum.de*

Bezugsquellen und informative Websites

Extravagantere Gewürz- oder Mischsalze können Sie online bestellen unter: Alfons Schuhbeck, *www.schuhbeck.de*

Weitere wissenschaftlich aktuelle Informationen zum Thema „Säure-Basen-Balance“ und auch eine aktuelle Lebensmittel-Liste von Professor Vormann finden Sie unter: *www.saeure-basen-forum.de*

Über die von Eckhard K. Fisseler gegründete Arthrose-Selbsthilfe können Sie sich informieren unter: *www.arthroseselbsthilfe.de*

Register der Rezepte

Suppen 32
Apfel-Curry-Suppe 43
Bärlauch-Süppchen 40
Cremiges Meerrettichsüppchen 38
Fenchel-Suppe 34
Gemüsebrühe – Das Basisrezept 32
Hokkaido-Karotten-Suppe
mit Pepp 47
Kartoffelsüppchen mit Kresse 39
Kresse-Petersilien-Suppe
mit Ingwer 46
Kürbis-Birnen-Süppchen
mit Ingwer 44
Kürbis-Tomaten-Suppe
orientalisch 48
Pastinaken-Suppe
mit Petersilienöl 42
Sauerkrautsuppe 35
Sellerie-Orangen-Suppe 50
Süßkartoffelsuppe 36
Topinambur-Suppe
mit angebratenen Waldpilzen 51
Wurzelpetersilien-Suppe 34

Salate 52
Chicorée-Mandarinen-Salat 56
Kohlrabi-Birnen-Salat
mit Mandeln 58
Rote-Bete-Salat mit Apfel 52
Spitzkohlsalat
mit Granatapfelkernen 59
Tomaten-Paprika-Salat 54
Winterlicher Rohkost-Salat 55

Eintöpfe 60
Bunter Zucchini-Eintopf 62
Kartoffel-Gurken-Eintopf 64
Russischer Borschtsch
mit Sauerkraut 66
Szegediner Eintopf mit
angebratenen Pfifferlingen 68
Wintereintopf 60

Alles mit Gemüse 70
Äpfel mit Meerrettich 78
Apfelrahmkraut 98
Aubergine mit Tomaten
und Knoblauch 112
Blumenkohl mit Mandelsauce 103
Brokkoligemüse 74
Bunte Gemüsepfanne 86
Buntes Auberginen-Gemüse 89
Buntes Fenchelgemüse 90
Buntes Gemüsecurry 96
Chicorée mit Orangen
geschmack 99
Fruchtiges Sauerkraut 106
Gebackener Blumenkohl 79
Gemüse-Pilz-Ragout 116
Geschmorter Fenchel 72
Karottengemüse mit Apfel 100
Karottengemüse
mit Orangengeschmack 88
Kohlrabigemüse 70
Lauch-Apfel-Gemüse 85
Lauchgemüse 71
Lauch-Kartoffel-Gemüse
mit Radieschen 114
Leipziger Allerlei
mit Sahnesauce 104
Paprikagemüse 76
Paprika-Gemüsegulasch 94
Rote-Bete-Schalotten-
Gemüse 92

Sauerkraut-Kartoffel-Mix 83
Schlemmertopf
mit Sommergemüse 110
Schwarzwurzelgemüse
mit Birne 84
Selleriegemüse 73
Serbischer Weißkohl 95
Süßkartoffeln & Petersilienwurzeln vom Backblech 80
Süß-scharfes Gemüse 107
Tomaten-Zucchini-Gemüsegulasch 108
Topinambur-Sellerie-Gemüse 115
Wintergemüse
aus dem Backofen 77
Wirsinggemüse
mit Aprikosen 111
Zucchini mit Mandeln 82
Zucchini mit Pfifferlingen 102
Zucchini-Pilz-Ragout 91

Kartoffeln & Co. 118
Béchamel-Kartoffeln 125
Blechkartoffeln 119
Bratkartoffeln 121
Bratkartoffelstampf 124
Bunter Kartoffelsalat 130
Gebackene Süßkartoffeln 132
Gebackener Topinambur 132
Kartoffel-Apfel-Stampf 128
Kartoffelauflauf 126
Kartoffelpüree 121
Kartoffelsalat mit Sojasprossen 131
Kartoffelstampf 120
Kürbis-Kartoffel-Püree 127
Omas Schmorkartoffeln 119
Pellkartoffeln 118
Rosmarinkartoffeln 122
Röstkartoffeln
mit Champignons 129
Salzkartoffeln 118
Süßkartoffel-Sellerie-Stampf 135
Topinambur-Kartoffel-Gratin 134

Dressings, Saucen & Dips 136
Dressings 136
Kräuterdressing 137
Olivendressing 137
Sahnedressing 136
Salatdressing –
Das Basisrezept 136
Salatdressing
mit *Kanne Brottrunk*® 136

Saucen 138
Meerrettichsauce 140
Pikante Rotweinsauce 142
Pilzsauce 140
Sauerkrautsauce 141
Tomaten-Birnen-Sauce 143
Tomatensauce 138

Dips 144
Apfel-Zwiebel-Dip 145
Avocado-Dip 144
Gemüse-Dip 147
Kräuter-Dip 144
Süßsaurer Dip 146

Und noch etwas Süßes zum Abschluss ... 148
Apfel-Birnen-Kompott 149
Apfelmus mit Schlag 149
Omas Bratäpfel 148

Info

Das perfekte Verhältnis von Säuren und Basen in einer gesunden Ernährung

Generell gilt: Säurebildner sind äußerst eiweißreiche Lebensmittel, bei deren Verstoffwechslung in unserem Körper Säuren entstehen. Basenbildner wiederum enthalten organische Bestandteile, die eine Übersäuerung neutralisieren können, und neutral wirkende Lebensmittel enthalten nur wenige Säure bildende oder ein ausgeglichenes Verhältnis an Säure und Basen bildenden Bestandteilen. Im **gesunden Zustand** ist ein Verhältnis von **80 Prozent Basen- zu 20 Prozent Säurebildnern** für unseren Körper ideal. Ist unser Körper jedoch übersäuert durch ein jahrelanges Übermaß an Säure bildenden Lebensmitteln, empfiehlt sich **eine mindestens einwöchige Basenkur** mit ausschließlich basisch wirkenden Lebensmitteln, um die Säuren auszuleiten. Achten Sie dabei darauf, inwieweit sich Ihre Beschwerden bessern ...

Sind die Symptome verschwunden (... und das kann auch ein halbes Jahr dauern!), ist eine „80-20-Ernährung" gesund für Ihren Körper und wird seinen vitalen Zustand erhalten. Jetzt können Sie auch sauer verstoffwechselnde Lebensmittel auf den Tisch bringen, die wichtige andere Nährstoffe enthalten, wie etwa Käse und Vollkornbrot – aber eben in Maßen (80 zu 20 Prozent). Hierfür orientieren Sie sich bitte an der Liste „Die gebräuchlichsten Basen und Säure bildenden Lebensmittel", siehe folgende Seiten.

Wichtig!

Auch wenn **dunkle Schokolade** zu den Basenbildnern und **Bier, Wein und Sekt** zu den neutral verstoffwechselten Produkten gehören, so sind es doch streng genommen keine Lebens-, sondern **Genussmittel. Bitte genießen Sie sie bewusst und maßvoll.**

Die gebräuchlichsten Basen und Säure bildenden Lebensmittel

Ein Überblick

Bei verschiedenen Autoren, die Bücher zum Thema „Übersäuerung" geschrieben haben, werden unterschiedliche Angaben zur basischen und sauren Verstoffwechslung von Lebensmitteln gemacht. Ich richte mich nach den Ergebnissen der Studien des Ernährungswissenschaftlers Professor Dr. Jürgen Vormann und seiner daraus entstandenen wissenschaftlich fundierten PRAL-Tabelle. PRAL steht hier für *potential renal acid load* und meint die potenzielle Säurebelastung der Nieren. Das bedeutet, in der Liste sind die Lebensmittel nach ihrer realen Säurebelastung eingeordnet, die durch ein aufwendiges Messverfahren im 24-Stunden-Urin gemessen wurde.[5]

Die folgende Liste gibt Ihnen einen ersten Überblick über Säure- und Basenbildner:

Basen bildende Lebensmittel gleichen durch ihre Mineralstoffe die Übersäuerung des Körpers aus. All das können Sie reichlich genießen!

- jedes Gemüse (gekocht und roh; mit Ausnahme von grünen Erbsen), einschließlich Artischocken, Knoblauch, Spargel und Zwiebeln
- alle Salate
- alle frischen Garten- und Wildkräuter
- reifes, frisches Obst und Beeren sowie Trockenfrüchte, alle Sorten (außer Heidelbeeren und Preiselbeeren; siehe rechte Seite)
- alle Pilze, auch getrocknet und als Konserven
- alle Gewürze (außer weißem und grünem Pfeffer)
- Würzmittel: Essig, Sojasauce, Sojapaste
- Milchprodukte: Molke
- Kartoffeln und alle Kartoffelgerichte (einschließlich Pommes frites und Kroketten)
- Getreideprodukte (nur ein paar wenige): Buchweizenmehl, Sojabrot, Sojamehl
- Hülsenfrüchte (nur ein paar wenige) und Sprossen: weiße Bohnen, Sojabohnen und Kidneybohnen sowie Bambus-, Bohnensprossen
- Nüsse und Samen sowie alle daraus zubereiteten Mehle, Flakes ...; Maronen, Haselnüsse, Kokosnüsse
- Getränke: frisch zubereitete Obst- und Gemüsesäfte und grüne Smoothies, Mineralwasser (je mehr Bikarbonat, desto basischer!)
- *Kanne Brottrunk*®, Tomatenketchup
- Kakao, Schokolade (je dunkler, desto basischer!)
- Agar-Agar (zum Eindicken)
- Frühstücksaufstriche: Pflaumenmus, Zuckerrübensirup
- Süßungsmittel: Apfel- und Birnendicksaft, Agavendicksaft, Dattelmark und -sirup, Kokosblütenzucker

Neutrale Lebensmittel
enthalten Säure und Basen bildende Bestandteile in einem relativ ausgewogenen Verhältnis. Hier können Sie sich ebenfalls ohne Reue bedienen!

- Beeren: Heidelbeeren, Preiselbeeren
- Oliven
- Milch und Milchprodukte: Butter, Buttermilch, Butterschmalz, Sauerrahm, Schlagsahne, Sojamilch
- Getreideprodukte: Buchweizenmehl, Hirsemehl (auch: Braunhirsemehl), Quinoamehl, Sojamehl
- fester Tofu
- nicht alkoholische Getränke: Früchtetee, Kräutertee, Mineralwasser (mit Kohlensäure oder still), grüner Tee, Schwarztee
- alkoholische Getränke (In Maßen genießen!): Bier, Rotwein, Weißwein, Sekt
- Nüsse und Samen: Mandeln, Mohn, Pekannüsse, Pistazien, Quinoa
- Sprossen und Keimlinge: Mungbohnen- und Sojasprossen
- alle kalt gepressten Pflanzenöle und -fette: Kokosöl, Leinöl, Olivenöl, Sonnenblumenöl ...
- Frühstücksaufstriche: Fruchtsirup (z. B. Zuckerrübensirup), Gelee, Honig, Marmelade

Stark Säure bildende Lebensmittel
sind reich an Eiweiß und wirken dadurch Säure bildend. Hier gilt also: Halten Sie Maß und meiden Sie diese Lebensmittel bei einer Basenkur! Anschließend nur zu 20 Prozent verwenden.

- Fleisch und Wurstwaren, Eier und Eierspeisen, Fisch, Meeresfrüchte, Mayonnaise ...
- Milch und Milchprodukte: Schafsmilch, Käse (Je härter er ist, desto mehr Säure bildende Eigenschaften hat er.)
- alle Getreide und Getreideprodukte: Mehl, Schrot, Teigwaren, Nudeln, Brot (außer Sojabrot) und Gebäck, Mehlspeisen, Frühstückszerealien ...
- fast alle Hülsenfrüchte (außer weiße Bohnen, Sojabohnen und Kidneybohnen; siehe linke Seite): Erbsen, Kichererbsen, Linsen, Mungbohnen
- die meisten Sprossen und Keimlinge: Alfalfa-, Erbsen- und Getreidesprossen; gekeimte Kichererbsen, Linsensprossen
- Gewürze: weißer, grüner sowie

bunter Pfeffer; Senf, gekörnte Brühe, Miso, Tahin (Sesammus)

- frischer Tofu, Sojabratlinge, Sojafleisch, Tempeh
- fast alle Nüsse und Samen: Amaranth, Cashewkerne, Chiasamen, Erdnüsse, Hirse, Kürbiskerne, Leinsamen, Macadamianüsse, Paranüsse, Pinienkerne, Sesam, Sonnenblumenkerne, Walnüsse (Ausnahmen: siehe Seite 155)
- Getränke: Colagetränke
- Süßungsmittel: Ahornsirup, Reissirup, Xylit (Birkenzucker)

Dank

Mein besonderer Dank gilt meiner Freundin Dorothea Herrmann, der ich mich stets tief verbunden fühle: Danke für deine Kraft und Inspiration. Bedanken möchte ich mich auch ganz herzlich bei meinem Sohn Rüdiger Albert für seine stete Unterstützung.

Wenn Sie sich für einen Aufenthalt im *Hotel* NATURION© interessieren, wenden Sie sich bitte an:

Hotel NATURION©
Sonnenbühlweg 6
79856 Hinterzarten
Fon: 0049 (0) 76 52/9 82 68 11
E-Mail: *naturion@t-online.de*
Website: *https://naturion.de*

5. Auflage, Juni 2022

Redaktion und Lektorat: Martina Klose, Freiburg
Korrektorat: Ute Orth
Innenlayout: Kurt Liebig
Satz: Rosi Weiss
Umschlaggestaltung: Rosi Weiss
Coverfoto: Foxys Forest Manufacture, YARUNIV Studi, barmalini, baibaz/Shutterstock.com
Druck: Dimograf Sp z o.o., Bielsko-Biała/Polen

Hans-Nietsch-Verlag
Industriestraße 20
64380 Roßdorf

www.nietsch.de
info@nietsch.de

ISBN 978-3-86264-707-1

Fotos und Illustrationen: Seite 4-5: Rosemarie Mut; Seite 6-7: eyeretina/Shutterstock.com; Seite 1-176: © [newgena]/123.rf.com, Ksena Shu, Inspiring, deisey, Vectorpocket, Anastazi Li/Shutterstock.com; Seite 18-19: udra11/Shutterstock.com, © [Valentyn Volkov, Rafael Ben-Ar]/123.rf.com; Seite 20-21: © robert6666/Fotolia, iStock.com/inerika, © [Alexander Raths, Yuliia Davydenko, Alfio Scisetti]/123.rf.com; Seite 22-23: © [handmadepictures, jirkaejc, monticello, nazzu]/123.rf.com; Seite 24-25: © [Elena Elisseeva, Vera Kuttelvaserova Stuchelova, oksix, dziewul]/123.rf.com; Seite 26-27: © [yelenayemchuk, oanaraluca, Diana Taliun, Marjorie A. Bull, utima]/123.rf.com; Seite 28-28: © [Tatyana Aleksieva-Sabeva, natika, Alfio Scisetti, Natalia Klenova,]/123.rf.com; Seite 31: Macrovector/Shutterstock.com; Seite 32-33: Aleksandra Novakovic, beats1/Shutterstock.com; Seite 35: © [Anna Kucherova, Peter Zijlstra]/123.rf.com, Binh Thanh Bui/Shutterstock.com; Seite 39: © [handmadepictures]/123.rf.com; Seite 40: zoryanchik/Shutterstock.com; Seite 42: © [Sirichai Asawalapsakul]/123.rf.com; Seite 45: © [Viktoriia Panchenko, Anna Pustynnikova]/123.rf.com; Seite 46-47: © [Vera Kuttelvaserova Stuchelova, Alexander Raths]/123.rf.com; Seite 49: © [Petr Goskov]/123.rf.com; Seite 50-51: © [utima]/123.rf.com, jiangdi /Shutterstock.com, © [eyewave]/123.rf.com; Seite 52: Aleksandra Novakovic/Shutterstock.com; Seite 56: © [Oksana Tkachuk]/123.rf.com; Seite: 58-59: © [Kostiantyn Fastov, andreahast]/123.rf.com; Seite: 67: © [Екатерина Маркелова]/123.rf.com; Seite 70-71: Aleksandra Novakovic, Alex Uralsky/Shutterstock.com; Seite 73: D_M/Shutterstock.com; Seite 78: Jack Jelly/Shutterstock.com; Seite 80: © [Volodymyr Shevchuk]/123.rf.com; Seite 82: © [Ratana Prongjai]/123.rf.com; Seite 85: © [Nattawut Lakjit, Maksym Narodenko]/123.rf.com; Seite 88: Nataly Studio/Shutterstock.com; Seite 95: Hue Ta/Shutterstock.com; Seite 99: © [tobi]/123.rf.com; Seite 106: CGissemann/Shutterstock.com; Seite 111: © [lakhesis, anitasstudio]/123.rf.com; Seite 115: © [serezniy]/123.rf.com; Seite 118-119: Aleksandra Novakovic/Shutterstock.com, © [scalatore1959]/123.rf.com; Seite 120: © [ingridhs]/123.rf.com; Seite 122-123: © [Diana Taliun]/123.rf.com, Barbara Dudzinska/Shutterstock.com; Seite 124-125: © [natika, Claudio Ventrella]/123.rf.com; Seite 127: © [Joerg Beuge]/123.rf.com; Seite 128-129: jirateep sankote, D_M /Shutterstock.com; Seite 130-131: Kovaleva_Ka, JUN3, nortongo/Shutterstock.com; Seite 133: © [kostrez]/123.rf.com, istetiana/Shutterstock.com; Seite 134-135: © [Peter Zijlstra]/123.rf.com, D_M/Shutterstock.com, Hong Vo/Shutterstock.com; Seite 136-137: Aleksandra Novakovic/Shutterstock.com; © [karandaev]/123.rf.com; Seite 140: Elena Hramova/Shutterstock.com; Seite 143: Kyselova Inna , Andrew Rafalsky/Shutterstock.com; Seite 145: Ety/Shutterstock.com; Seite: 147:Tim UR/Shutterstock.com; Seite 148-149: Aleksandra Novakovic, gkrphoto/Shutterstock.com; Seite 156: Yasonya/Shutterstock.com; Seite: 36, 53, 57, 61, 63, 65, 69, 75, 81, 87, 93, 97, 101, 105, 109, 113, 117: Hans Nietsch

Rosemarie Muth
Arthrose
Das basenstarke
NATURION-Kochbuch
Mit 74 Rezepten für ein unbeschwertes Leben
HANS-NIETSCH-VERLAG

Eckhard K. Fisseler
Arthrose
Der Weg zur
Selbstheilung
Bisher mehr als 25.000 erfolgreiche Anwender
Erweiterte und überarbeitete Neuauflage
HANS-NIETSCH-VERLAG